*Dietmar Kern*

# (Ver-)Erben –
# aber richtig

D1629135

*Dietmar Kern*

# (Ver-)Erben –
# aber richtig

## Der clevere Erbschafts-
## ratgeber

Die Deutsche Bibliothek – CIP Einheitsaufnahme

Kern, Dietmar:
(Ver-)Erben – aber richtig: Der clevere Erbschaftsratgeber /
Dietmar Kern. – Landsberg am Lech : mvg, 2001
ISBN 3-478-87009-0

Bitte beachten Sie:
Alle Angaben wurden mit Sorgfalt ermittelt und überprüft. Sie basie-
ren jedoch auf der Richtigkeit uns erteilter Auskünfte und unterliegen
Veränderungen. Deshalb kann keine Gewähr übernommen werden.
Jede wirtschaftliche Unternehmung birgt gewisse Risiken. Die Übertragung allgemeiner Informationen auf die persönliche Situation sollte immer auch unter Risikogesichtspunkten erfolgen – ggf. empfiehlt
es sich, einen Steuerberater oder Rechtsanwalt hinzuzuziehen.
Bank- und Steuerrecht sowie andere Bestimmungen erfahren eine
ständige Fortentwicklung. Daher muss der Leser bei Rechts- und Steu-
erfragen im Einzelfall eine Prüfung vornehmen lassen.

Umschlaggestaltung: Vierthaler & Braun, München
Konzeption und Produktion: Hampp Media GmbH, Stuttgart
Redaktion: Dr. Olaf Grosch
Grafik und Satz: PROPRINT, Salem
Fotos: S. 11, 23, 31, 133: PhotoDisc; S. 77: MEV
Druck: J. P. Himmer GmbH & Co. KG, Augsburg
Printed in Germany 87009/401302
ISBN 3-478-87009-0

# Erben ist natürlich
## schöner als sterben

Die tägliche Praxis zeigt immer wieder, dass ein gar nicht so kleiner Anteil der Bevölkerung wegen nicht oder nicht rechtzeitig in Anspruch genommener Fachberatung seine vermögensmäßige Situation im Hinblick auf den Todesfall entweder gar nicht oder nur sehr unzureichend geregelt hat. Des Öfteren werden dann beim Nachlassgericht Privattestamente eröffnet, die formunwirksam sind. Aber auch wenn die gesetzlich vorgeschriebene Form eingehalten ist, führt manchmal der nicht fachgerecht niedergeschriebene Inhalt zu großen Auslegungs- und damit automatisch zu Folgeproblemen. Zudem kommt es vor, dass zwar notariell beurkundete Testamente oder Erbverträge vorhanden, diese aber schon einige Jahre alt sind und nicht mehr an geänderte Vermögens- und Familienstände angepasst wurden.

Diese teils auf Unwissenheit und teils auf Nachlässigkeit beruhenden Unzulänglichkeiten können allerdings fatale Folgen für die Vermögens-, Familien- und Wohnungssituation der hinterbliebenen Angehörigen haben. Von daher ist es stets empfehlenswert, gelegentlich zu überprüfen, ob es Ihnen und Ihren Angehörigen eigentlich voll und ganz bewusst ist, wer im Todesfall von wem zu welchen Bruchteilen und auf welcher Rechtsgrundlage beerbt werden würde und wie die Abwicklung der Nachlassangelegenheit vonstatten gehen könnte. Unser Ratgeber unterstützt Sie hierbei.

Zahlen müssen immer die Erben. Jeden Fehler, den Verwandte beim Abfassen eines Testaments oder bei einem Schenkungsvertrag gemacht haben, bestraft der Staat mit einer gehörigen Steuerrechnung. Besonders bei Vermögen im Ausland oder bei Vermögen von Ausländern in Deutschland gelten nicht immer die deutschen Gesetze. Von daher sollte sich jeder Erblasser, gleichgültig, für welche Form er sich entscheidet, Gedanken darüber machen, welchen Inhalt er seiner Verfügung geben will. Ziel sollte es stets sein, eine den familiären und wirtschaftlichen Verhältnissen entsprechende Regelung zu erreichen. Und keine Angst: Wer ein Testament aufsetzt, muss ja noch längst nicht sterben.

Übrigens: Die Einführung des Euro (€) begründet in keiner Weise den Wegfall der Geschäftsgrundlage und ändert nichts an der Gültigkeit und an dem Inhalt bestehender Verträge. Diese, aber auch Testamente und Vermächtnisse, bleiben weiterhin uneingeschränkt gültig (Vertragskontinuität). Einzelheiten wie etwa Ablauf-/Änderungsdatum oder Zinssätze bleiben unverändert. Wird in Rechtsinstrumenten (z. B. Verträgen), die über den 30.06.2002 hinausgehen (Statusverlust der D-Mark als gesetzliches Zahlungsmittel), auf eine nationale Währung Bezug genommen, so ist dieser als Bezug auf den Euro zu verstehen. Im Klartext: Für DM-Beträge in Altverträgen, -verfügungen oder Rechtsvorschriften gilt automatisch der Euro.

Beratungsbedarf kann in fast jeder Familie und bei fast jeder Einzelperson bestehen. Insbesondere aber kinderlose Personen und kinderlose Paare werden sich in komplizierteren Fällen an ausgebildete Fachleute wenden. Je nachdem, welchen Schwerpunkt Sie nach grundlegender Orientierung in unserem Ratgeber in Bezug auf Ihr Beratungsgespräch wünschen, wird empfohlen, sich deswegen an einen Notar, einen Rechtsanwalt oder -beistand oder an einen Steuerberater Ihrer Wahl zu wenden.

# Die gesetzliche Erbfolge als Ausgangspunkt

*Was passiert eigentlich, wenn Sie nichts unternehmen, um die Dinge nach Ihrem Tod zu regeln? Was das Gesetz für diesen Fall vorsieht, erfahren Sie in diesem Kapitel.*

# Erben - einige Grundbegriffe

*Gedanken zu*
*Lebzeiten*

Mit dem Tod einer Person geht ihr gesamtes Vermögen auf Dritte über. Wie sich diese Rechtsnachfolge gestaltet, ist in über 450 Paragrafen im Fünften Buch des Bürgerlichen Gesetzbuchs (BGB) geregelt. Man muss sie nicht alle kennen, aber mit einigen Grundlagen sollten Sie sich schon vertraut machen – sei es als die Person, die ihr Vermögen vererbt, sei es als Erbe, der sich möglicherweise überlegen muss, ob er sein Erbe auch antreten soll.

*Eintreten des*
*Erbfalls*

Wenn jemand stirbt, spricht das Gesetz vom Eintreten des Erbfalls (§ 1922 BGB). Mit diesem Ereignis tritt die so genannte Erbfolge ein. Darunter ist die Gesamtrechtsnachfolge des oder der Erben in das Vermögen und die Verbindlichkeiten (Schulden) des Erblassers (des Verstorbenen) zu verstehen. Als Gesamtrechtsnachfolge wird der unmittelbare Übergang eines Vermögens (der Erbschaft) mit allen Rechten und Verpflichtungen auf einen Gesamtrechtsnachfolger bezeichnet. Dieser tritt völlig in die Stellung seines Rechtsvorgängers (des Erblassers) ein. Diejenigen Personen, auf welche die Erbschaft übergeht, werden als Erben bezeichnet. Die Erbschaft wird auch Nachlass genannt und umfasst das Vermögen als Ganzes, d. h. das Rohvermögen abzüglich der Verbindlichkeiten (Nachlassverbindlichkeiten). Erben können eine oder mehrere Personen sein. Sind es mehrere, so spricht man von einer Erbengemeinschaft. Der Anteil eines jeden Miterben an der Erbschaft ist dann sein Erbteil. Erbe kann im Übrigen nur werden, wer zur Zeit des Erbfalls lebt (§ 1923 Abs. 1 BGB). Diese so genannte aktive Erbfähigkeit trifft auch für die Leibesfrucht zu: Wer zur Zeit des Erbfalls noch nicht lebt, aber bereits gezeugt war, gilt als vor dem Erbfall geboren (§ 1923 Abs. 2 BGB).

# Erben nach Ordnungen

*Freie Verfügung*
*oder gesetzliche*
*Erbfolge*

Welche Personen erben denn nun? Dies kann der Erblasser im Rahmen einer so genannten letztwilligen Verfügung – einem Testament oder einem Erbvertrag – frei bestimmen, wie die meisten sicherlich wissen (siehe im Einzelnen Seite 31 ff.). Man spricht dann von gewillkürter Erbfolge. Vielen Bundesbürgern ist allerdings nicht bekannt, von wem sie im Falle ihres Todes beerbt werden, falls keine derartige letztwillige Verfügung besteht oder die bestehende Verfügung aus irgendwelchen Gründen rechtsunwirksam ist: dann nämlich gelten die Regeln der gesetzlichen Erbfolge (§§ 1922 ff. BGB).

Hierbei gilt grundsätzlich, dass der Verstorbene (Erblasser) von seinem Ehegatten und/oder seinen nächsten Verwandten beerbt werden kann. Die Erbfolge richtet sich nach so genannten Ordnungen.

**Erbe wird man aufgrund:**

▶ *gesetzlicher Erbfolge, also dank Abstammung, oder*

▶ *gewillkürter Erbfolge, also durch letztwillige Verfügung: rechtsgültiges Testament, Erbvertrag.*

Der Gesetzgeber hat dabei eine bestimmte Rangfolge nach dem Grad der Verwandtschaft zum Erblasser festgelegt. Dabei gilt der Grundsatz: Solange ein oder mehrere Verwandte der ersten Ordnung leben, erbt kein Verwandter der zweiten Ordnung. Verwandte der dritten Ordnung treten erst dann Ihr Erbe an, wenn Verwandte der zweiten Ordnung bereits verstorben sind.

*Ordnungen und Rangfolge*

Gesetzliche Erben der ersten Ordnung sind die Abkömmlinge des Erblassers, also Kinder, Enkel usw. Eltern, Geschwister, Nichten und Neffen sowie deren Abkömmlinge fallen in die zweite Ordnung. Zur dritten Ordnung gehören Großeltern, Onkel und Tanten, Vettern und Kusinen sowie deren Abkömmlinge. Urgroßeltern, weitere Voreltern sowie deren Abkömmlinge fallen letztendlich in die vierte Ordnung. Die Grafiken auf den folgenden Seiten machen die einzelnen Ordnungen anschaulich.

*Die Ordnungen im Einzelnen*

1. Ordnung: Abkömmlinge: Kinder, Enkel,
2. Ordng: Eltern, Geschwister, Nichten, Neffen
  ＋ Abkömmlinge
3. Ordng: Großeltern, Onkel, Tante, Vettern, Cousinen

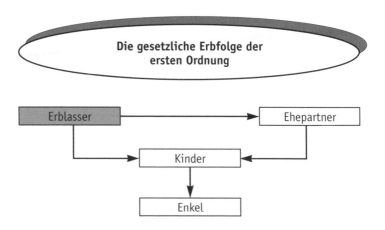

**Die gesetzliche Erbfolge der ersten Ordnung**

Erblasser → Ehepartner

Erblasser → Kinder ← Ehepartner

Kinder → Enkel

*Pflichtteils-berechtigt: der Ehegatte*

**Es erben:** Der Ehepartner und die Kinder. An die Stelle verstorbener Kinder treten deren Kinder – die Enkel des Erblassers.

**Anteile:** Bei Zugewinngemeinschaft erhält der Ehepartner die Hälfte des Erbes. Kinder bekommen gemeinsam die Hälfte (zum gesetzlichen Erbteil des Ehepartners siehe Seite 18 ff.). Bei Gütertrennung erbt der Ehepartner ein Viertel, gibt es mehr als zwei Kinder, erhalten sie gemeinsam drei Viertel. Bei ein oder zwei Kindern teilen sich der Ehepartner und die Kinder das Erbe zu gleichen Teilen. Der überlebende Ehepartner, der mit dem Erblasser im Güterstand der Zugewinngemeinschaft lebte, kann beim Tod des Partners wählen: Entweder er schlägt die Erbschaft aus oder er verlangt Zugewinnausgleich und den Pflichtteil (siehe Seite 147 ff.).

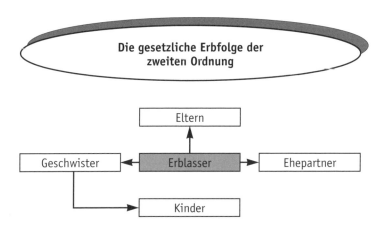

Die gesetzliche Erbfolge der
zweiten Ordnung

Eltern

Geschwister ← Erblasser → Ehepartner

Kinder

**Es erben:** Leben die Kinder oder Enkel des Erblassers nicht mehr oder hat er keine, erhalten der Ehepartner und die Eltern je die Hälfte.

**Anteile:** Bei Zugewinngemeinschaft erhält der Ehepartner drei Viertel, die Eltern (Vater und Mutter) bekommen gemeinsam ein Viertel. Lebt nur noch ein Elternteil, verteilt sich das den Eltern zustehende Erbteil auf den noch lebenden Elternteil (Vater oder Mutter) und die Geschwister des Erblassers (Bruder und/oder Schwester) zu gleichen Teilen. Danach auf deren Kinder (Neffen und/oder Nichten des Erblassers).

Das Pflichtteilsrecht gegenüber den Eltern kann auch mit Testament nicht ausgeschlossen werden.

*Pflichtteils-
berechtigt: die
Eltern*

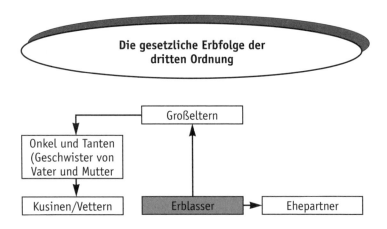

**Die gesetzliche Erbfolge der dritten Ordnung**

Großeltern

Onkel und Tanten (Geschwister von Vater und Mutter

Kusinen/Vettern | Erblasser | Ehepartner

*Pflichtteile: keine*

**Es erben:** Leben keine Kinder, Eltern, Geschwister, Nichten und Neffen des Erblassers mehr, erben Ehepartner und Großeltern je die Hälfte.
**Anteile:** Bei Zugewinngemeinschaft erhält der Ehepartner drei Viertel, die Großeltern bekommen gemeinsam ein Viertel. Leben die Großeltern nicht mehr, erbt der Ehepartner allein. Lebt der Ehepartner ebenfalls nicht mehr, erben die Kinder der Großeltern (Onkel und Tanten des Erblassers) und danach deren Kinder (Kusinen und Vettern des Erblassers).
Pflichtteile gibt es keine.

*Der Fiskus als gesetzlicher Erbe*

Ist zur Zeit des Erbfalls weder ein Verwandter noch ein Ehegatte des Erblassers vorhanden, so ist der Fiskus des Landes, dem der Erblasser zur Zeit des Todes angehört hat, gesetzlicher Erbe (§ 1936 BGB). Dieses staatliche Erbrecht gilt auch dann, wenn ein Erbe nicht innerhalb einer den Umständen entsprechenden Frist ermittelt werden kann. In diesem Fall hat das Nachlassgericht festzustellen, dass ein anderer Erbe als der Fiskus nicht vorhanden ist. Diese Feststellung begründet dann die Vermutung, dass der Fiskus gesetzlicher Erbe ist (§ 1964 BGB).

# Die Erbansprüche nichtehelicher Kinder

Bis Mitte 1970 hatten nichteheliche Kinder noch als nicht verwandt mit dem leiblichen Vater gegolten. Dann wurde ihre Rechtsstellung jedoch durch das Nichtehelichengesetz grundlegend geändert und dem ehelicher Kinder in weitreichendem Maße angepasst. Das zum 1. April 1998 in Kraft getretene Gesetz zur erbrechtlichen Gleichstellung hat im Übrigen dazu geführt, dass es im Bereich des Erbrechts praktisch keine Unterschiede mehr zwischen ehelichen und nichtehelichen Kindern gibt. Für Erbfälle, die nach diesem Zeitpunkt eingetreten sind bzw. eintreten, gilt, dass nichteheliche Kinder nicht nur die Mutter beerben, sondern auch den Vater (und Mutter wie Vater gegebenenfalls das nichteheliche Kind). Erbfälle vor dem 1. April 1998 hingegen sind nach dem alten Recht zu behandeln, auf dessen Darstellung hier allerdings verzichtet wird, da dieser Ratgeber vor allem künftige Erbfälle im Visier hat.

*Die Mutter vererbt an ihr nichteheliches Kind die vollen Ansprüche, der Vater nur Erbersatzansprüche*

# Die Erbansprüche von Adoptivkindern

Ein angenommenes Kind erlangt durch Adoption grundsätzlich die Stellung eines ehelichen Kindes des Annehmenden. Dieser Grundsatz gilt jedoch beschränkt nur bei der Adoption minderjähriger und nicht verwandter Kinder: Hier erlangt das angenommene Kind die Stellung eines ehelichen Kindes sowohl gegenüber dem Annehmenden persönlich als auch gegenüber dessen Verwandten. Die Verwandtschaftsverhältnisse des Kindes und seiner Abkömmlinge zu den bisherigen Verwandten erlöschen mit der Adoption in vollem Umfang (Volladoption). Ist das Kind bei der Adoption volljährig, so erstrecken sich die Wirkungen der Adoption einerseits nur auf den Annehmenden (nicht also auf dessen Verwandte) und andererseits auf das Kind und dessen Abkömmlinge. Das volljährig angenommene Kind und seine Abkömmlinge sind somit gesetzliche Erben des Annehmenden, aber nicht seiner Verwandten! Umgekehrt wird das volljährig angenommene Kind vom Annehmenden, aber nicht von dessen Verwandten beerbt.

*Pflegekinder haben keinerlei Ansprüche*

# Das Erbrecht des Ehepartners

*Ohne Kinder gilt:*
*Wenn Sie nicht*
*handeln, muss Ihr*
*Ehepartner alles*
*mit den*
*Verwandten teilen*

Der überlebende Ehegatte erbt neben den Verwandten der ersten Ordnung (Kinder, Enkel usw.) zunächst $1/4$, neben Verwandten der zweiten Ordnung (Eltern, Geschwister, Nichten, Neffen usw.) oder Großeltern $1/2$. Nur für den Fall, dass weder Abkömmlinge, Eltern, Geschwister und deren Abkömmlinge noch Großeltern vorhanden sind, erhält der überlebende Ehegatte die ganze Erbschaft allein.

Gehört der überlebende Ehegatte gleichzeitig zum Kreis der erbberechtigten Verwandten, so erbt er ebenfalls als solcher. Der Erbteil, der ihm aufgrund der Verwandtschaft zufällt, gilt als besonderer Erbteil (§ 1934 BGB).

Je nach Güterstand, in dem die Eheleute lebten, gibt es noch weitere Ansprüche. Bestand zum Zeitpunkt des Todes des Erblassers der gesetzliche Güterstand der Zugewinngemeinschaft (vgl. hierzu auch Seite 147 ff.), so wird der danach vorgesehene Ausgleich des Zugewinns zwischen den Eheleuten regelmäßig dadurch herbeigeführt, dass sich der gesetzliche Erbteil des überlebenden Ehegatten pauschal um ein Viertel der Erbschaft erhöht. Dabei ist unbedeutend, ob die Ehegatten im einzelnen Fall einen Zugewinn tatsächlich erzielt haben (§ 1371 Abs. 1 BGB).

Übrigens wird auch bei nur kurzer Ehezeit der Zugewinn durch pauschale Erhöhung des Erbteils ausgeglichen, wie folgendes Beispiel deutlich macht.

## Ein Fall aus der Praxis

*Schon bei seiner Heirat war ein Ehemann schwer krank, knapp vier Monate später starb er. Ein Testament hinterließ er nicht. Seine Eltern machten der Schwiegertochter den Anteil am Erbe, im Wesentlichen ein Hausgrundstück, streitig. Wie im Gesetz vorgesehen, sollte die Frau gemäß der gesetzlichen Erbfolge – da der Verstorbene keine Kinder hatte – die Hälfte des Vermögens erben und darüber hinaus ein Viertel als Zugewinngemeinschaft bekommen.*

*Das fanden die Eltern ganz und gar ungerecht: Ihr Sohn habe das Haus nur mit elterlicher Unterstützung errichten können, argumentierten sie. Vor der Heirat habe er die Frau nur flüchtig gekannt, die ihn aus finanziellen Gründen zur Ehe gedrängt habe. Deshalb dürfe die Schwiegertochter nicht drei Viertel des Nachlasses erben, ihnen als Eltern stehe je ein Viertel des Erbes zu. Die Richter des OLG Bamberg rüttelten jedoch nicht an der klaren Entscheidung des Gesetzgebers über den Zugewinnausgleich beim Tod eines Ehepartners (Az. 3 U 47/98).*

*Danach wird – um den während der Ehe von den Ehegatten erzielten Zugewinn auszugleichen – der gesetzliche Erbteil des überlebenden Ehepartners um ein Viertel erhöht. Aus welchen Gründen die Ehe geschlossen wurde und wie lange sie gedauert hatte, ist dabei unerheblich. Wenn der Verstorbene eine andere Regelung hätte treffen wollen, hätte er dies in einem Testament tun können!*

Zusammenfassend lässt sich das gesetzliche Erbrecht des überlebenden Ehegatten bei den einzelnen Güterständen wie folgt darstellen:

*Zugewinn-gemeinschaft*

1. Beim gesetzlichen Güterstand der Zugewinngemeinschaft erbt der Ehegatte
   ‣ neben den Abkömmlingen zu $^1/_2$,
   ‣ neben Eltern und deren Abkömmlingen zu $^3/_4$,
   ‣ neben den Großeltern zu $^3/_4$,
   ‣ und neben anderen allein.

2. Bei einem sonstigen Güterstand (z. B. Gütergemeinschaft) erbt der Ehegatte

   *Gütergemeinschaft*

   ‣ neben den Abkömmlingen zu $^1/_4$,
   ‣ neben Eltern und deren Abkömmlingen zu $^1/_2$,
   ‣ neben den Großeltern zu $^1/_2$,
   ‣ und neben anderen allein.

3. Beim Güterstand der Gütertrennung erbt der Ehegatte (seit 01.07.1970)

   *Gütertrennung*

   ‣ bei einem Kind zu $^1/_2$,
   ‣ bei zwei Kindern zu $^1/_3$,
   ‣ ab drei Kindern (wie vor dem 01.07.1970) zu $^1/_4$.

Unabhängig davon, in welchem Güterstand die Ehegatten gelebt haben, stehen dem überlebenden Ehegatten zusätzlich zu seinem gesetzlichen Erbteil die zum ehelichen Haushalt gehörenden Gegenstände, soweit sie nicht Zubehör eines Grundstücks sind, sowie die Hochzeits-

*Der Voraus*

geschenke unter der Voraussetzung zu, dass er sie zur Führung eines angemessenen Haushalts benötigt (§ 1932 BGB). Diesen Anspruch nennt man Voraus. Der Anspruch besteht allerdings nur bei Eintritt der gesetzlichen Erbfolge, dagegen nicht, wenn der Ehegatte durch letztwillige Verfügungen (siehe das nächste Kapitel) als Erbe eingesetzt wurde.

## Beispielhafte Konstellationen

Nachdem Sie jetzt die Grundzüge der gesetzlichen Erbfolge kennen gelernt haben, veranschaulichen Ihnen folgende Beispiele noch einmal, wie die Erben-Konstellationen im praktischen Leben aussehen können.

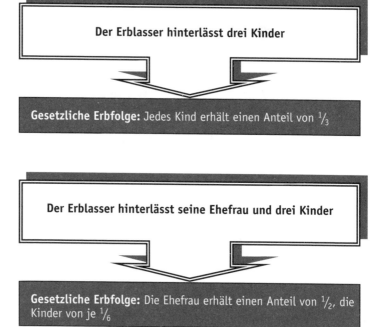

**Der Erblasser hinterlässt drei Kinder**

**Gesetzliche Erbfolge:** Jedes Kind erhält einen Anteil von $\frac{1}{3}$

**Der Erblasser hinterlässt seine Ehefrau und drei Kinder**

**Gesetzliche Erbfolge:** Die Ehefrau erhält einen Anteil von $\frac{1}{2}$, die Kinder von je $\frac{1}{6}$

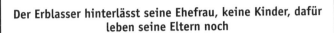

Der Erblasser hinterlässt seine Ehefrau, keine Kinder, dafür leben seine Eltern noch

**Gesetzliche Erbfolge:** Die Ehefrau erhält einen Anteil von $3/4$, die Eltern von je $1/8$

Der Erblasser hinterlässt seine Ehefrau, keine Kinder, seine Mutter und zwei Geschwister

**Gesetzliche Erbfolge:** Die Ehefrau erhält einen Anteil von $3/4$, die Mutter von $1/8$, die Geschwister je $1/16$

Der Erblasser hinterlässt seine langjährige Lebensgefährtin, ohne ein Testament zu deren Gunsten errichtet zu haben. Des Weiteren leben noch vier Neffen und Nichten

**Gesetzliche Erbfolge:** Die Lebensgefährtin erbt nichts, da diese mit dem Erblasser nicht verwandt ist; die Nichten und Neffen hingegen teilen sich den Nachlass zu je $1/4$

## Verheiratet ohne Kinder

*Die Erben-
gemeinschaft*

Hinterlassen Sie kein Testament, dann erbt Ihr Ehegatte. Zugleich aber erben auch Ihre Eltern als Verwandte zweiter Ordnung. Sollten Ihre Eltern verstorben sein, treten Ihre Geschwister oder deren Nachkommen in die Erbfolge ein. Ihr Ehegatte bildet zusammen mit den Miterben eine Erbengemeinschaft. Und Erbengemeinschaft bedeutet: Jedem der Erben gehört ein Anteil des Nachlasses. Keinem der Erben gehört eine einzelne Immobilie oder ein einzelner Gegenstand aus der Erbmasse allein.

*Der Haushalt
gehört dem
Ehegatten*

Dem Ehepartner stehen vor aller Erbteilung sämtliche Gegenstände des gemeinschaftlichen Haushaltens als so genannter Ehegatten-Voraus zu. Dazu kann auch das Auto gehören, oft ein nicht unbeträchtlicher Teil des Nachlasses. Luxusgüter – mit Ausnahme von Hochzeitsgeschenken – gelten demgegenüber als Teil der Erbmasse, wobei „Luxus" je nach Lebensstandard unterschiedlich interpretiert werden kann.

*Bargeld und
Vermögen werden
aufgeteilt*

Handelt es sich bei dem weiteren Nachlass um Bargeld oder Geldwerte, dann wird dieses Vermögen entsprechend der Erbanteile aufgeteilt. Ihr Ehegatte verliert also einen Teil des gemeinsam erarbeiteten Vermögens. Immobilien, zum Beispiel ein Haus, eine Eigentumswohnung oder ein Grundstück, gehören der gesamten Erbengemeinschaft. Die Konsequenzen liegen auf der Hand: Ihr Ehegatte muss Ihren Eltern für die Nutzung, zum Beispiel des Hausanteils, Miete bezahlen.

*Immobilien
gehören den Erben
gemeinsam*

Die Verfügungsgewalt Ihres Ehegatten über diese Immobilien ist durch das Miteigentum der Eltern oder der Geschwister erheblich eingeschränkt. Will Ihr Ehegatte einen Teil des Hauses vermieten, braucht er die Zustimmung der Miterben. Soll das Haus renoviert oder umgebaut werden, braucht Ihr Ehegatte etwa das Einverständnis der Eltern. Zudem muss sich Ihr Ehegatte über die Beteiligung an den Renovierungskosten mit den anderen Erben einigen. Eine Konstellation, in der es leicht zu Konflikten unter den Hinterbliebenen kommen kann.

## Gerne mit im Boot – der Fiskus

*Wenn Vermögen übertragen wird, ist das Finanzamt gerne mit dabei und möchte vom Kuchen seinen Teil abbekommen. Nach Überschreiten individueller Freigrenzen wird dann gehörig Schenkung- oder Erbschaftsteuer fällig.*

# Die Erbschaft- und Schenkungsteuer

*Prioritäten setzen*

In diesem Kapitel sind die wichtigsten Informationen über die Erbschaft- und Schenkungsteuer zusammengefasst. Mit ihrer Hilfe können Sie darüber entscheiden, ob bei Ihnen akuter Bedarf an Steuerminderungs- oder -vermeidungsstrategien (siehe Seite 91, 95 ff.) besteht.

## Steuerklassen

*Testament auf Änderungsbedarf prüfen*

Im neuen Erbschaftsteuerrecht, das mit dem Jahressteuergesetz 1997 eingeführt wurde, gibt es nur noch drei statt bisher vier Steuerklassen. Wer unter welche Kategorie fällt, können Sie der folgenden Übersicht entnehmen.

### Die Steuerklassen im Erb- und Schenkungsfall

| Steuerklasse I | beim Erben | bei Schenkung |
|---|---|---|
| Ehegatte | ✓ | ✓ |
| Kinder, Stiefkinder | ✓ | ✓ |
| Enkel, Urenkel | ✓ | ✓ |
| Eltern | ✓ | Stkl. II |
| Großeltern, Urgroßeltern | ✓ | Stkl. II |

| Steuerklasse II | beim Erben | bei Schenkung |
|---|---|---|
| Eltern | Stkl. I | ✓ |
| Großeltern, Urgroßeltern | Stkl. I | ✓ |
| Geschwister | ✓ | ✓ |
| Nichten, Neffen** | ✓ | ✓ |
| Stiefeltern | ✓ | ✓ |
| Schwiegerkinder, -eltern | ✓ | ✓ |
| geschiedener Ehegatte | ✓ | ✓ |

| Steuerklasse III | beim Erben | bei Schenkung |
|---|---|---|
| alle sonstigen Begünstigten* | ✓ | ✓ |

\* (z. B. auch Partner einer nichtehelichen Lebensgemeinschaft)

\*\* sofern Abkömmlinge ersten Grades von Geschwistern

Die Steuerklasse I und III gilt auch dann, wenn beispielsweise die Verwandtschaft zu den leiblichen Eltern durch Annahme als Kind zivilrechtlich erloschen ist. Beispiel: Ein Ehepaar hat zwei Kinder und gibt diese zur Adoption frei. Obwohl durch die Adoption das Verwandtschaftsverhältnis zwischen den Kindern und ihren leiblichen Eltern zivilrechtlich erloschen ist, werden zum Beispiel die Kinder, wenn sie testamentarisch am Nachlass ihrer leiblichen Eltern bedacht werden, nach dem Erbschaftsteuergesetz als Kinder in der Steuerklasse I eingeordnet.

*Nachlassplanung spart Erbschaftsteuer*

Bei einem Pflegekind muss berücksichtigt werden, dass es zum Beispiel bei einer testamentarischen Zuwendung aus dem Nachlass seiner Pflegeeltern in die Steuerklasse III fällt, sofern kein Verwandtschaftsverhältnis zu den Pflegeeltern besteht. Man sollte deshalb die Möglichkeit prüfen, das Pflegekind zu adoptieren, damit es in die Steuerklasse I kommt.

## Freibeträge

Eine Steuerpflicht entsteht nur dann, wenn die verschiedenen Freibeträge überschritten sind. Weitsichtige Erblasser können von diesen Freibeträgen übrigens mehrfach profitieren, da die persönlichen Freibeträge alle zehn Jahre erneut genutzt werden können. Sie können nämlich bereits zu Lebzeiten Vermögen auf ihre späteren Erben übertragen (siehe Seite 97 ff.). Zwar wird dann auch eine Steuer, die Schenkungsteuer, fällig. Hier sind Steuersätze und Freibeträge aber gleich hoch wie bei der Erbschaftsteuer.

*Freibeträge und Befreiungen richtig einplanen*

Gleichzeitig mit der Änderung der Steuerklassen wurden auch die persönlichen Freibeträge erhöht, zum Beispiel beim Ehegatten von 250 000 Mark auf 600 000 Mark und bei Kindern von 90 000 Mark auf 400 000 Mark. Körperliche Gegenstände, beispielsweise Auto, Boot, Kunst, Antiquitäten – nicht aber Geld, Wertpapiere, Gold, Edelsteine usw. – bleiben bis zu einem Gesamtwert i. H. v. 20 000 Mark erbschaft- und schenkungsteuerfrei. Die folgende Übersicht erleichtert Ihnen die Feststellung der zustehenden Freibeträge.

*§ 37 SGB XI beachten*

*Freibeträge beim
Erben und
Schenken*

| Persönliche Freibeträge | | |
|---|---|---|
| Ehegatten | 600 000 DM | 306 775,13 € |
| Kinder/Stiefkinder und Kinder verstorbener Kinder/Stiefkinder | 400 000 DM | 204 516,75 € |
| Übrige Personen der Steuerklasse I: Stiefkinder, sonstige Enkel, Urenkel, Eltern, Großeltern, weitere Abkömmlinge | 100 000 DM | 51 129,18 € |
| Übrige Personen der Steuerklasse II: Geschwister, Abkömmlinge ersten Grades von Geschwistern, Stiefeltern, Schwiegerkinder, Schwiegereltern und geschiedene Ehegatten | 20 000 DM | 10 225,83 € |
| Personen der Steuerklasse III: alle übrigen Erwerber | 10 000 DM | 5112,91 € |

*Das bleibt beim
Erben wie beim
Schenken
steuerfrei*

Zu diesen Freibeträgen kommen die erhöhten Freibeträge für Hausrat bei der Steuerklasse I von 80 000 Mark (40 903,55 €) und bei den Steuerklassen II und III von je 20 000 Mark (10 225,83 €). Neben dem persönlichen Freibetrag wird dem Ehegatten im Erbfall – nicht bei der Schenkung – ein besonderer Versorgungsfreibetrag gewährt, der von 250 000 auf 500 000 Mark (255 645,94 €) verdoppelt worden ist. Dieser Freibetrag wird jedoch um den Kapitalwert etwaiger Versorgungsbezüge gekürzt, die dem Ehegatten nach dem Tod des Erblassers zustehen. Dies sind vor allem Witwenrenten (aus der gesetzlichen Rentenversicherung) und Witwenpensionen (aus einem früheren Dienstverhältnis). Nicht dazu gehören Renten aus privaten Lebensversicherungen. Ebenso werden Kindern besondere Versorgungsfreibeträge gewährt, die altersabhängig gestaffelt sind und mit dem 27. Lebensjahr enden.

Bei Vererbung und Verschenkung von positivem Betriebsvermögen gilt zur Zeit ein Freibetrag von 500 000 Mark (alle 10 Jahre neu!). Sollte nach Abzug dieses Freibetrages noch positives Betriebsvermögen übrig bleiben, wird dieses mit 60 Prozent des Wertes angesetzt. Bei Schenkung an mehrere Personen hat der Schenker die Aufteilung des Freibetrages zu bestimmen.

## Steuertarif

Auch der Tarif für die Erbschaft- und Schenkungsteuer wurde neu gestaffelt. Er sieht nur noch sieben Tarifstufen vor, wobei der Spitzensatz auf maximal 50 Prozent gesenkt worden ist (vorher bei Steuerklasse IV 70 Prozent). Bei einem zu versteuernden Nachlasswert von 90 000 Mark muss ein Erbe der Steuerklasse I nunmehr 7 Prozent, also 6300 Mark zahlen. Ein Erbe der Steuerklasse III wird bei einem solchen Betrag schon mit 15 300 Mark (17 Prozent) zur Kasse gebeten.

### Steuersätze

| Wert des steuerpflichtigen Erwerbs (§ 10 ErbStG) bis einschl. DM/€ | Steuersatz in Prozent | | |
|---|---|---|---|
| | Steuerklasse I | Steuerklasse II | Steuerklasse III |
| 100 000/51 129,18 | 7 | 12 | 17 |
| 500 000/255 645,94 | 11 | 17 | 23 |
| 1 000 000/511 291,88 | 15 | 22 | 29 |
| 10 000 000/ 5 112 918,81 | 19 | 27 | 35 |
| 25 000 000/12 782 297,02 | 23 | 32 | 41 |
| 50 000 000/25 564 594,05 | 27 | 37 | 47 |
| Darüber | 30 | 40 | 50 |

Bei den genannten Prozentsätzen handelt es sich um eine Durchschnittsbelastung, die grundsätzlich auf den gesamten steuerpflichtigen Erwerb anzuwenden ist. Um unerträgliche Belastungssprünge beim Überschreiten der Erwerbsgrenzen in den einzelnen Steuerklassen zu vermeiden, gilt jedoch eine Härteregelung, welche die Belastung des über die vorhergehende Erwerbsgrenze hinausgehenden Erwerbs auf 50 Prozent (bis zu einem tariflichen Steuersatz von 30 Prozent) und auf 75 Prozent (bei einem tariflichen Steuersatz über 30 Prozent) begrenzt. Das heißt: Bei einer geringfügigen Überschreitung der Wertgrenzen wird die durch den Tabellensprung entstehende Steuer nur insofern erhoben, als sie aus der Differenz zur nächstniedrigeren Wertgrenze in folgender Höhe getragen wird: zu $\frac{1}{2}$ bei einem Steuersatz bis zu 30 Prozent, zu $\frac{3}{4}$ bei einem Steuersatz bis zu 50 Prozent.

*Ausgleich von Härtefällen*

*Steuerbonus*

## Beispiel für die Härteregelung

*Das Kind eines Erblassers erhält 1 001 000 DM (steuerpflichtiger Erwerb).
Die Steuer hierfür berechnet sich wie folgt:*

| | |
|---|---:|
| *Tabellensteuer bei 1 000 000 DM, Steuerklasse I: 15 %* | *150 000 DM* |
| *Tabellensteuer bei 1 001 000 DM, Steuerklasse I: 19 %* | *190 190 DM* |
| *Durch Tabellensprung entstandene Steuerdifferenz:* | *40 190 DM* |
| *Davon zu tragen $\frac{1}{2}$ aus 1000 DM* <br> *(1 001 000 DM ./: 1 000 000 DM)* | *500 DM* |
| *Steuer insgesamt (150 000 DM + 500 DM)* | *150 500 DM* |

*Das Kind muss also statt der Tabellensteuer (190 190 DM) nur
150 500 DM an Erbschaftsteuer zahlen.*

*Wichtig: Der
Vermögensanfall*

Maßgebend für die Bewertung des Vermögensanfalls sind bei der Erbschaftsteuer grundsätzlich die Verhältnisse am Todestag des Erblassers.
Zu diesem Zeitpunkt entsteht auch die Steuerpflicht. Spätere Wertsteigerungen oder Wertverluste sind dagegen ohne Bedeutung
(§§ 9, 11 ErbStG, Finanzgericht Rheinland-Pfalz, Az. 4 K 2824/97).

## Immobilienbewertung bei Erbschaft und Schenkung

*Schlechterstellung
durch geplante
Neuregelung*

Die Bundesregierung plant, die Erhöhung der Erbschaftsteuer auf
Immobilien umzusetzen. Hierbei werden zwei Modelle diskutiert:

▶ Das erste Modell beinhaltet eine Umstellung vom so genannten
Ertragswertverfahren auf ein Sachwertverfahren, wodurch sich die
Bemessungsgrundlage für die Erbschaft- und Schenkungsteuer sehr
viel stärker an den Verkehrswert einer Immobilie annähern soll. Im
Sachwertverfahren würde der Immobilienwert aus Herstellungskos-
ten, Boden- und Gebäudewert abzüglich eines eventuellen Altersab-
schlags errechnet.

▶ Das zweite Modell will die Erhöhung der Bemessungsgrundlage über
eine Änderung des § 146 Bewertungsgesetz erreichen. In diesem

Paragrafen wird der so genannte Vervielfältiger für die Wertberechnung zurzeit mit dem 12,5-fachen angesetzt. Denkbar im Zuge der Gesetzesänderung wäre hier eine deutliche Erhöhung des Faktors auf beispielsweise 16 oder 17.

Nach geltender Rechtslage wird für die Bewertung von bebauten Grundstücken bei Erbschaft und Schenkung bisher das Ertragswertverfahren angewandt. Dazu wird die Nettokaltmiete mit dem Faktor 12,5 multipliziert. Wenn man selbst in dem Haus wohnt oder ein Mietshaus leer steht (also keine Miete gezahlt wird), dann ist die übliche Miete als Berechnungsgrundlage heranzuziehen. Der Ertragswert, der durch die Multiplikation der Jahresmiete mit dem Bewertungsfaktor zustande kommt, ist dann um eine Alterswertminderung zu kürzen. Das wiederum bedeutet: Für jedes Jahr Gebäudealter wird ein halber Prozentpunkt abgezogen, höchstens jedoch 25 Prozent. Ist ein Gebäude also beispielsweise 20 Jahre alt, dann werden zehn Prozent abgezogen.

*Erbrecht und Fiskus: unterschiedliche Wertbestimmung*

Der so ermittelte Wert wird als Bedarfswert bezeichnet. Ein- und Zweifamilienhäuser werden mit 120 Prozent des Bedarfswertes angesetzt.

## Beispiel heutige Rechtslage

Mietshaus mit 5 Wohnungen, Baujahr 1981, ca. 350 qm Wohnfläche, durchschnittliche Monatsmiete: 13,50 DM/qm. Dieses Mietshaus soll nun vererbt bzw. verschenkt werden. Für die Erbschaft- bzw. Schenkungsteuer wird die Jahresmiete mit 12,5 multipliziert und die Alterswertminderung von 0,5 Prozent pro Jahr bis 2001 abgezogen:

*Wertermittlung: Basis für jede Erbschaftsstrategie*

| | |
|---|---|
| 13,30 DM x 350 qm x 12 Monate = | 56 700 DM |
| 56 700 DM x 12,5 (Vervielfältiger) = | 708 750 DM |
| 708 750 DM ./. 10 % = | 637 875 DM |
| Festsetzung: 637 000 DM (abgerundet) | |

## Beispiel bei Erhöhung des Faktors auf 16,5

| | |
|---|---|
| 56 700 DM x 16,5 (neuer Vervielfältiger) = | 935 550 DM |
| 935 550 DM ./. 10 % = | 841 995 DM |
| Festsetzung: 841 000 DM (= neuer Bedarfswert, abgerundet) | |

Folge: eine erhebliche Steuermehrbelastung. Wird nämlich der Bedarfswert der Immobilie mit 637 000 Mark angesetzt, muss die Ehefrau, die

*Nachteile durch
neues
Bewertungsgesetz*

von ihrem Mann eine Immobilie geschenkt bekommt, nur 37 000 Mark versteuern, da sie einen Freibetrag von 600 000 Mark nutzen kann. Der Steuersatz liegt in diesem Beispiel also bei sieben Prozent, die Steuerbelastung bei 2590 Mark. Wird der Bewertungsfaktor allerdings auf 16,5 erhöht, dann müsste sie 241 000 Mark mit 11 Prozent versteuern – die Steuerbelastung wäre dann mehr als zehnmal so hoch wie nach gegenwärtiger Rechtslage, nämlich genau 26 510 Mark.

Noch schlimmer träfe es eine Lebensgefährtin. Denn wird die gleiche Immobilie an diese verschenkt oder vererbt, mussten bislang 144 210 Mark  an Steuern bezahlt werden (23 Prozent von 627 000 Mark, Freibetrag 10 000 Mark ). Bei einer Erhöhung des Faktors auf 16,5 müsste die Erbin bzw. die Beschenkte nunmehr 240 990 Mark  an Steuern bezahlen (29 Prozent von 831 000 Mark ). Alles in allem wären hier 100 000 Mark  mehr an Steuern fällig.

*Wichtig!*

Weist ein Steuerpflichtiger beispielsweise durch ein Bausachverständigen-Gutachten nach, dass der tatsächliche Verkehrswert (Marktpreis) niedriger ist als die fiskalische Bewertung (oder wurde eine zu hohe Jahresmiete angesetzt), dann gilt der Verkehrswert auch als steuerlicher Wert! Einspruch ist dann nicht gegen die Festsetzung der Erbschaftsteuerschuld einzulegen, vielmehr müssen sich die Rechtsmittel fristgerecht (innerhalb Monatsfrist) gegen den Feststellungsbescheid über den Grundbesitzwert richten.

*Erben brauchen
Eigenkapital*

Weitere Probleme ergeben sich, wenn es mehrere Immobilien-Erben gibt. Denn oftmals möchte einer der Erben die Eigentumsanteile der anderen hinzuerwerben. Soll beispielsweise das Elternhaus als vererbte Immobilie nicht verkauft werden, muss meist einer der Erben seine Miterben auszahlen. Dies scheitert jedoch nicht selten an den hohen monatlichen Belastungen für die hierzu notwendige Finanzierung.

# Den letzten Willen selbst gestalten

*Wer mit der gesetzlichen Erbfolge nicht einverstanden ist oder der Begehrlichkeit des Fiskus ein Schnippchen schlagen möchte, gestaltet den Erbgang selber. Hierfür kann er eine letztwillige Verfügung errichten, in der er beispielsweise die Erben nach eigenem Gutdünken festlegt oder das Erbe anders als vom Gesetz vorgesehen aufteilt.*

## Das Testament und seine rechtlichen Grundlagen

*Grundsätzliche Entscheidung: Alleinerbe oder Erbengemeinschaft?*

Als Erblasser haben Sie weitgehende Freiheiten, die Ordnung Ihres Nachlasses nach Ihrem Ableben selbst zu bestimmen. Sie können damit beispielsweise die gesetzliche Erbfolge außer Kraft setzen, bestimmte Personen bevorzugen, andere wiederum vom Erbe ausschließen, die Verteilung Ihres Vermögens detailliert festlegen usw. Diese so genannte Testierfreiheit findet ihre Grenze allerdings vor allem in den Pflichtteils-Ansprüchen bestimmter nahe stehender Personen (siehe Seite 63 ff.) sowie den guten Sitten (siehe Seite 56 f.). Es gibt zwei Möglichkeiten, die Erbfolge selbst zu gestalten: einseitig im Rahmen eines Testaments oder im Rahmen einer vertraglichen Vereinbarung mit Dritten, dem so genannten Erbvertrag. Oft genügen drei Sätze, um die Familie vor großem Schaden zu bewahren. In diesem Abschnitt werden zunächst die rechtlichen Grundlagen für die Errichtung eines wirksamen Testaments vorgestellt, im daran anschließenden Abschnitt steht der Erbvertrag im Mittelpunkt.

### Ohne Testierfähigkeit kein rechtswirksames Testament

Wer ein Testament errichtet, muss testierfähig sein. Dies ist zunächst einmal grundsätzlich jeder Volljährige. Aber auch ein Minderjähriger kann bereits wirksam ein Testament errichten, sofern er das 16. Lebensjahr vollendet hat. Allerdings ist sein Testament nur wirksam, wenn er seinen letzten Willen einem Notar mündlich zur Beurkundung erklärt oder dem Notar sein Testament unverschlossen übergibt. Diese Einschränkung der Testierfreiheit bei Minderjährigen dient allein deren Schutz, da der Notar nach dem Gesetz von dem Inhalt des Testaments Kenntnis nehmen soll und vor unvernünftigen Verfügungen abraten wird. Der Minderjährige bedarf jedoch zur Errichtung des Testaments nicht der Zustimmung seines gesetzlichen Vertreters.

*Geschäftsfähigkeit*

Neben dem Mindestalter kommt es auch auf die Geschäftsfähigkeit des Verfügenden an. Wer wegen einer krankhaften Störung seiner Geistestätigkeit, wegen einer Geistesschwäche oder wegen einer Bewusstseinsstörung nicht in der Lage ist, die Bedeutung einer von ihm abgegebenen Willenserklärung einzusehen und nach dieser Einsicht zu handeln, kann kein Testament errichten.

Wer im Übrigen nicht in der Lage ist, Geschriebenes zu lesen – etwa wegen Blindheit oder einer Sehbehinderung oder weil er des Lesens nicht kundig ist –, oder wer sich sprachlich nicht zu artikulieren vermag, ist eingeschränkt testierfähig. Er kann rechtswirksam lediglich ein öffentliches Testament errichten, indem er dessen Inhalt gegenüber einem Notar mündlich erklärt bzw. ihm im letzteren Fall eine entsprechende Schrift übergibt.

*Formelle Dinge beachten*

## Das eigenhändige Testament

Außer in den soeben genannten Ausnahmefällen können Sie Ihren letzten Willen selber zu Papier bringen. Das Gesetz spricht dann von einem eigenhändigen Testament. Absolutes „Muss" für dessen Wirksamkeit: Es muss von Anfang bis Ende *von Ihnen handschriftlich* abgefasst sein. Es genügt also nicht, den Text mit Schreibmaschine oder Computer niederzulegen oder von jemand anderem schreiben zu lassen und dann eigenhändig zu unterzeichnen. Wird diese Formvorschrift nicht eingehalten, ist das von Ihnen Verfügte rechtlich gesehen null und nichtig. Sie können dann nur auf den guten Willen Ihrer Erben hoffen, das Verfügte dennoch zu erfüllen.

*Was Sie wissen müssen …*

Das Testament muss aber nicht nur der genannten Formvorschrift entsprechen. Darüber hinaus sollte es auch unbedingt klar formuliert sein, sonst fliegen schnell die Fetzen im Streit zwischen den Familienmitgliedern. Wer das vermeiden will, muss:
- das Testament selbst handschriftlich verfassen, mit Vor- und Zunamen unterschreiben sowie mit dem Datum und dem Ort versehen,
- bei jeder Änderung das Datum hinzufügen,
- sagen, wer die Erben sein sollen, sie mit vollem Namen – nicht mit Spitznamen – benennen und vollzählig auflisten,
- möglichst genau zuordnen, was wer erben soll, und
- sich mit dem Satz *„Sollten eine oder mehrere meiner Verfügungen unwirksam sein, so bleiben die übrigen wirksam"* absichern.

*Letztwillige
Verfügung muss
rechtsverbindlich
sein*

## Ein Fall aus der Praxis

**Eine Vollmacht ist noch kein Testament**

*Nach dem Tod ihrer vermögenden Mutter (Witwe) stritten ihre drei Söhne um das Erbe. Einer von ihnen legte ein Schriftstück der Mutter vor, das diese acht Jahre vorher eigenhändig verfasst und unterschrieben hatte und das den Titel „Vollmacht" trug: „Ich bevollmächtige meinen Sohn H, alle persönlichen und geschäftlichen Angelegenheiten für mich zu erledigen. Ich habe keinen Spaß mehr an der Verwaltung der Häuser ... ich bin bei ihm in guten Händen". Anschließend zählte die Verfasserin auf, welche Grundstücke und Häuser die beiden anderen Söhne bereits bekommen hätten und schloss das Schreiben ab mit den Worten: „Mein Sohn H bekommt den Rest meines Vermögens, da er bis zu meinem Tod für mich sorgt. Ich werde das Ganze noch vor dem Notar machen."*

*Sohn H, der außerdem auf ihren Wunsch hin zu ihrem Betreuer bestellt war, war der Auffassung, damit habe ihn die Mutter zum Alleinerben eingesetzt. Das bestritten jedoch seine Brüder und verlangten die Aufteilung des Erbes zu drei gleichen Teilen. Vor Gericht ging es darum, ob das Schriftstück als Testament oder nur als Absichtserklärung anzusehen sei. Das Bayerische Oberste Landesgericht sah darin kein Testament (Az. 1 Z BR 95/98). Begründung: Es war äußerst zweifelhaft, ob die alte Frau mit dieser Vollmacht zugleich eine endgültige Verfügung über ihr Vermögen hatte treffen wollen, da sie doch ausdrücklich angekündigt hatte, „das Ganze noch vor dem Notar" festzulegen.*

*Außerdem war das Schriftstück mit „Vollmacht" überschrieben und befasste sich überwiegend mit den Gründen dafür. Inhalt und Gestaltung bilden hier keine rechtsverbindliche letztwillige Verfügung. Von daher muss das restliche Vermögen durch drei geteilt werden.*

*Die richtige
Aufbewahrung*

Es gibt keine Vorschriften, wo Sie Ihr Testament aufbewahren müssen. Sie können es also ohne weiteres bei sich zu Hause liegen haben, einem vertrauten Dritten geben oder im Bankschließfach deponieren. Wichtig ist, dass es leicht gefunden werden kann, denn sonst weiß niemand, was Sie für den Todesfall bestimmt haben. Wenn Sie allerdings sichergehen wollen, dass Ihr Testament gefunden und erfüllt wird und auch keiner das für ihn vielleicht ungünstige Papier heimlich verschwinden lässt, dann können Sie die Urkunde auch bei einem deutschen Amtsgericht Ihrer Wahl hinterlegen. Sie erhalten hierfür einen Hinterlegungsschein, den Sie sorgfältig aufbewahren sollten.

Sollte der Schein nicht gefunden werden, ist das allerdings auch keine Katastrophe. Denn das Amtsgericht, bei dem Ihr Testament liegt, informiert das Standesamt Ihres Geburtsorts über die Hinterlegung. Wenn dort der Todesfall in den Urkunden vermerkt wird, wird es das Amtsgericht hiervon unterrichten.

> **Hinterlegung kostenpflichtig:**
> Für die Aufbewahrung Ihres Testaments erhebt das Amtsgericht Gebühren nach der jeweils gültigen Kostenordnung. Die Kostenhöhe ist abhängig vom Wert des Vermögens nach Abzug der Verbindlichkeiten.

Einzelne Änderungen Ihres privatschriftlichen Testaments können Sie einfach unter das bisherige Schriftstück setzen. Datum und Unterschrift nicht vergessen, damit klar ist, wann die Änderung erfolgt ist und dass sie auch tatsächlich von Ihnen stammt. Wollen Sie Ihr persönliches privates Testament rückgängig machen, brauchen Sie nur ein neues Testament mit anderem Inhalt aufzusetzen. Das alte Schriftstück sollten Sie dann am besten vernichten, damit es später keine Verwirrungen gibt. Durch ein neues Testament wird ein früheres insoweit aufgehoben, als darin abweichende Verfügungen enthalten sind, z. B. anderweitige Vermächtnisse oder Auflagen.

*Änderung/Widerruf eines Testaments*

## Das öffentliche Testament

Anstelle eines Privattestaments kann ein Erblasser auch ein so genanntes öffentliches Testament errichten. Das geschieht vor einem Notar. Wird der letzte Wille ihm gegenüber mündlich erklärt, nimmt der Notar hierüber ein Protokoll auf. Dieses wird anschließend verlesen und muss ausdrücklich vom Verfasser genehmigt werden. Hierbei macht der Notar den Erblasser auf etwaige Bedenken gegen den Inhalt oder gegen die Gültigkeit des beabsichtigten Testaments aufmerksam und berät ihn in rechtlicher Beziehung. Wichtig: Ein solches Testament garantiert am ehesten, dass der Wille des Erblassers auch verwirklicht werden kann.

*Mündliche Erklärungen vor dem Notar*

Ein öffentliches Testament kann aber auch auf die Weise errichtet werden, dass der Verfasser seinen letzten Willen vorher niederschreibt und das Testament dem Notar entweder offen oder verschlossen mit der Erklärung übergibt, dass das Schriftstück seinen letzten Willen enthalte. Dieses öffentliche Testament braucht nicht eigenhändig geschrieben zu werden. Man kann sich zur Niederschrift auch einer dritten Person bedienen oder eine Schreibmaschine verwenden. Das Testament wird vom Notar zusammen mit dem Protokoll in einen Umschlag gesteckt und dieser mit dem Amtssiegel verschlossen. Der Notar gibt das Testament anschließend bei demjenigen Amtsgericht in amtliche Verwahrung, in dessen Bezirk er seinen Amtssitz hat. Hierüber erhält der Verfasser einen Hinterlegungsschein.

## Das gemeinschaftliche Testament

*Letzter Wille durch einheitliche Urkunde*

Das gemeinschaftliche Testament kann nur von Ehegatten errichtet werden (§ 2265 BGB). Hierbei handelt es sich im Grunde um zwei Testamente, die in einer Urkunde zusammengefasst werden. Es genügt, wenn einer der Ehegatten die Verfügung vom Anfang bis zum Ende eigenhändig handschriftlich niederschreibt und der andere die gemeinschaftliche Erklärung mit unterzeichnet (§ 2267 BGB). Tag und Ort der Errichtung sollen auch hier angegeben werden. Das gemeinschaftliche Testament kann aber auch in öffentlicher Form errichtet werden.

*Testament und Vermächtnis zugleich*

Beim gemeinschaftlichen Testament setzen sich die Ehegatten gegenseitig als Erben ein, was nicht ausschließt, dass jeder Ehegatte für sich allein einem Dritten ein Vermächtnis aussetzt. Häufig jedoch nimmt der Ehegatte auf den letzten Willen des anderen Bezug, sodass die Erklärungen voneinander abhängig sind. Man spricht in diesem Fall von einem wechselbezüglichen gemeinschaftlichen Testament. Dies hat gravierende rechtliche Konsequenzen hinsichtlich der Abänderung bzw. dem Widerruf der testamentarischen Verfügungen.

*Wechselbezügliche Verfügungen können nicht einseitig geändert werden*

Letztwillige Verfügungen, die nicht wechselbezüglich sind, können ohne weiteres nachträglich einseitig geändert oder widerrufen werden. Wenn jedoch anzunehmen ist, dass die Verfügung des einen Ehegatten ohne die des anderen nicht getroffen worden wäre – also eine wechselseitige Verfügung vorliegt –, ist eine schlichte einseitige Lösung vom Testament nicht mehr möglich. Insbesondere ist ein Widerruf nach dem Ableben des anderen Ehegatten ausgeschlossen – es sei denn, der überlebende Teil schlägt das ihm Zugewendete aus (§ 2271 BGB). Soll ein gemeinschaftliches Testament zu Lebzeiten der beiden Ehepartner geändert oder aufgehoben werden, bedarf es üblicherweise eines gemeinsamen Vorgehens. Mittels eines weiteren gemeinschaftlichen Testaments lässt sich hier eine Lösung finden. Werden sich die beiden Ehegatten über Modifikationen oder Streichung der

Verfügungen nicht einig, kann einer von ihnen dennoch seine Verfügungen widerrufen. Er muss diese Erklärung allerdings vor einem Notar abgeben. Wirksam wird sie dann aber erst zu dem Zeitpunkt, zu dem sie dem Ehepartner zugegangen ist. Dies hat zur Folge, dass zum einen die widerrufene Verfügung keine Wirksamkeit mehr entfaltet, im Gegenzug aber auch – Wechselbezüglichkeit der Verfügungen! – die letztwilligen Bestimmungen des anderen Ehegatten ihre Gültigkeit verlieren.

*Wirksamkeit der Erklärung*

## Das Nottestament

Ausnahmsweise kann ein Erblasser seinen letzten Willen auch mündlich erklären, ohne dass dies vor einem Notar geschehen muss. Das Gesetz sieht nämlich die Errichtung eines so genannten Nottestaments vor, wenn zu befürchten ist, dass bis zum Versterben des Verfügenden kein Notar mehr erreicht werden kann. Dann kann das Testament entgegen der allgemeinen Regel auch zur Niederschrift vor dem Bürgermeister der Gemeinde, in der sich der Verfügende aufhält, errichtet werden. Dies muss vor zwei Zeugen geschehen, die gemeinsam mit dem Bürgermeister die Niederschrift des letzten Willens des Erblassers unterzeichnen. Ist die Todesgefahr so akut, dass auch ein Nottestament vor dem Bürgermeister nicht möglich ist, so kann das Nottestament auch zur Niederschrift vor drei Zeugen errichtet werden. Das Gleiche gilt für den Fall, dass sich die Person, die ihren letzten Willen rechtsgültig kundtun will, an einem Ort befindet, der aufgrund außergewöhnlicher Umstände dermaßen von der Umwelt abgesperrt ist, dass die ordentliche Testamentserrichtung vor einem Notar praktisch nicht möglich ist.

*Außerordentliche Testaments- verfügung*

Das Nottestament lockert die Formvorschriften also für den Extremfall. Damit einher geht eine kurze Gültigkeitsdauer eines solchen Nottestaments. Verstreichen seit Errichtung der Niederschrift drei Monate, ohne dass der Verfügende stirbt, verliert das Nottestament seine Gültigkeit und wird als nicht errichtet angesehen. Um seinem Inhalt weitergehende Gültigkeit zu verleihen, ist demnach spätestens nach Ablauf der Drei-Monats-Frist ein ordentliches – eigenhändiges oder öffentliches – Testament zu errichten.

*Drei-Monats-Frist beachten!*

## Beispiel für ein Nottestament am Krankenbett

*Wir,*

*Vorname, Name ..................................*

*Vorname, Name ..................................*

*Vorname, Name ..................................*

*sind zur Zeit Patienten des Städtischen Krankenhauses in ....................-Stadt. Der Kaufmann ...................., ebenfalls Patient des Krankenhauses, erklärt heute nach einer Operation, dass er sich sehr schwach fühle und sein Testament machen wolle. Mit Rücksicht auf seinen Zustand ist zu befürchten, dass die Beiziehung des zuständigen Notars oder des Bürgermeisters von ....................-Stadt nicht mehr rechtzeitig erfolgen kann. Aus dem Gespräch mit Herrn .................... gewannen wir die Überzeugung, dass er geschäftsfähig und geistig völlig klar ist. Während unserer dauernden Anwesenheit erklärte der Erblasser:*

*„Ich bestimme Herrn/Frau ...................., wohnhaft in ....................straße, zu meinem alleinigen Erben. Außerdem ordne ich folgende Vermächtnisse an: .................... "*

*Vorstehende Niederschrift wurde dem Erblasser vorgelesen und in unserer Gegenwart von ihm genehmigt. Die Unterschrift konnte der Erblasser nicht mehr leisten, weil er bereits zu schwach war.*

*....................-Stadt, den .................... (Ort, Tag und Stunde)*

*Eigenhändige Unterschriften der drei Zeugen (unbedingt erforderlich!)*

## Zur Wirksamkeit von „Geliebtentestamenten"

Ein Familienvater hatte 1980 mit notariellem Vertrag seine Ehefrau als Alleinerbin sowie seine Kinder zu gleichen Teilen als Ersatzerben bestimmt. Anfang der 90er Jahre trennte er sich von seiner Ehefrau und setzte 1993 durch ein handschriftliches Testament seine neue Lebensgefährtin, mit der er bis zu seinem Tod zusammenlebte, als

Alleinerbin ein. Nach seinem Tod im Jahre 1996 beantragte die Ehefrau einen Erbschein, der sie als alleinige Erbin ausweisen sollte, und berief sich dabei auf das Testament von 1980. Auch die Lebensgefährtin beantragte dies, gestützt auf das neue Testament.

Die Ehefrau hielt das Testament zugunsten der Lebensgefährtin für unwirksam und versuchte, gerichtlich dagegen vorzugehen. Doch das Oberlandesgericht Düsseldorf (Az. 3 Wx 278/97) konnte in dem „Geliebtentestament" keinen Verstoß gegen die guten Sitten erkennen und bestätigte dessen Wirksamkeit. So genannte „Geliebtentestamente" seien nur dann sittenwidrig und nichtig, wenn sie

*Verstoß gegen die guten Sitten*

▶ die Geliebte ausschließlich für „Geschlechtsverkehr belohnen" oder
▶ die „Fortsetzung der sexuellen Beziehung fördern" sollten oder
▶ für die Benachteiligten unzumutbar seien.

Grundsätzlich ist es aber durchaus zulässig, die Gattin und die Kinder im Testament zu benachteiligen, da diese an sich durch Pflichtteilsrechte und Zugewinnausgleichsansprüche ausreichend geschützt sind. Bei der Bewertung der „Zumutbarkeit" im Einzelfall ist vor allem zu berücksichtigen, in welchem Umfang die Ehefrau des Verstorbenen an der „Schaffung des Vermögens" beteiligt gewesen ist, das der Geliebten zugefallen ist. Des Weiteren ist abzuwägen, wie lange die Geliebte mit dem Verstorbenen zusammengelebt hatte, ob sie für ihn (neben dem Geschlechtsverkehr) Leistungen wie etwa Krankenpflege erbrachte, und ob der Lebensunterhalt der Familie trotz der Zuwendungen des Vermögens an die Geliebte gesichert war.

*Benachteiligungen erlaubt*

# Der Erbvertrag und seine rechtlichen Grundlagen

Durch einen Erbvertrag erklärt der Erblasser seinen letzten Willen gegenüber einem oder mehreren Vertragspartnern. Der Erbvertrag ist deshalb – im Gegensatz zu einem Testament – keine einseitige Verfügung, sondern ein zweiseitiger Vertrag. Vertragspartner des Erblassers, der einen Erbvertrag abschließt, kann jede Person sein. Ferner kann ein Erbvertrag auch von mehr als zwei Beteiligten geschlossen werden, sei es von Erblassern oder Bedachten oder von nur zu Beweiszwecken hinzugezogenen Personen. Darüber hinaus kann ein Erbvertrag auch

*Umfassende Sicherheit für den Wunscherben*

mit einem Ehevertrag oder z. B. einem Altenteils- und Übergabevertrag verbunden werden (§§ 2274 ff. BGB).

*Wann ist ein
Erbvertrag zu
empfehlen?*

### Ein Fall aus der Praxis

**Wirksames Testament oder unwirksamer Erbvertrag?**

*Eine pflegebedürftige Witwe hatte keine Kinder. Eine Bekannte erklärte
sich bereit, die alte Dame gegen ein monatliches Pflegeentgelt von 2500
Mark in ihrem Privathaushalt aufzunehmen und zu pflegen. Die Frau
nahm ihre Tätigkeit sehr ernst, half viel und pflegte geduldig. Deshalb
setzte die dankbare Witwe sie zur Alleinerbin ein. Die Witwe verfasste
handschriftlich ein Schriftstück – das mit „Vereinbarung" überschrieben
war –, in dem sie festhielt, dass die Bekannte versprochen hatte, sie bis
zu ihrem Tod zu versorgen.*

*Das Schriftstück wurde von beiden Frauen eigenhändig unterschrieben.
Nach dem Tod des Pfleglings wurde der beantragte Erbschein mit der
Begründung abgelehnt, bei der „Vereinbarung" handle es sich um einen
nichtigen Erbvertrag, da es an einer notariellen Beurkundung fehle. Ein
(wirksames) Testament sei die Vereinbarung nicht. (Dazu muss man wissen: Ein Testament, in dem jemand einseitig bestimmt, was nach seinem
Tod mit dem Vermögen geschehen soll, kann auch ohne Notar errichtet
werden; nicht so ein Erbvertrag zwischen zwei Parteien, in dem daneben
noch andere Regelungen festgehalten werden sollen, etwa eine Gegenleistung für die Erbeinsetzung.)*

*Die Pflegerin, die sich bei dieser Auslegung um den Lohn für ihre Mühe
betrogen sah, zog daraufhin durch sämtliche Instanzen. Ihr Recht erhielt
sie beim Bayerischen Obersten Landesgericht (Az. 1 ZBR 162/97).
Begründung: Wird eine Erbeinsetzung von der Zusicherung der Versor-
gungsleistungen abhängig gemacht, also an eine Bedingung geknüpft,
liegt deswegen nicht unbedingt auch ein Erbvertrag vor. Denn das monatliche Pflegeentgelt war sowieso schon vereinbart gewesen – und zwar vor
und unabhängig von der Erbeinsetzung. Dies belegt somit auch nicht,
dass die Erblasserin sich hier erbvertraglich hatte binden und festlegen
wollen.*

*Sie habe sich zwar der Pflegeleistungen versichern wollen, trotzdem ist in
dem Schriftstück kein (unwirksamer) Erbvertrag zweier Parteien, sondern
ein Testament zu sehen, das die Witwe eben an die Bedingung lebenslanger Pflege geknüpft hatte.*

Inhalt eines Erbvertrages können wie beim Testament alle Verfügungen von Todes wegen sein, z. B. Erbeinsetzung, Vermächtnis, Auflage, Teilungsanordnung, Pflichtteilsentzug, Ernennung eines Testamentsvollstreckers (siehe Seite 130 f.). Von diesen möglichen vielfältigen Anordnungen können aber nur die Erbeinsetzung, Vermächtnisse und Auflagen vertraglich getroffen werden (§ 2278 BGB). Mit anderen Worten bedeutet dies, dass der vertraglich verfügende Erblasser an diese Festlegungen unwiderruflich gebunden ist, d. h. er kann sich insoweit später nicht einseitig anderweitig entscheiden. Dies rührt daher, dass es sich beim Erbvertrag um eine zweiseitige Bindung handelt – man verspricht etwas und erhält dafür im Gegenzug etwas anderes. Andere Anordnungen im Erbvertrag hingegen sind bis zum Tod frei widerruflich.

*Was kann im Erbvertrag geregelt werden?*

Der Erbvertrag kann nicht privatschriftlich errichtet werden, d. h. ein gültiger Vertragsabschluss ist allein vor einem Notar bei gleichzeitiger Anwesenheit aller Vertragsparteien möglich. Die beim Abschluss des Erbvertrages als Erblasser auftretende Person kann nur persönlich diesen Vertrag abschließen, somit ist eine Vertretung unzulässig. Ferner muss der Erblasser unbeschränkt geschäftsfähig sein. Der Vertragspartner dagegen, der die Verfügung von Todes wegen entgegennimmt, kann sich vertreten lassen. Die über den Erbvertrag aufgenommene Urkunde wird verschlossen, mit einer Aufschrift versehen und in besondere amtliche Verwahrung gebracht, sofern nicht die Parteien das Gegenteil verlangen. Das Gegenteil gilt im Zweifel als verlangt, wenn der Erbvertrag in derselben Urkunde mit einem anderen Vertrag verbunden wird, z. B. mit einem gleichzeitig abgeschlossenen Ehevertrag. Die Beteiligten können jedoch auch die besondere amtliche Verwahrung ausschließen. Dann bleibt die Vertragsurkunde in Verwahrung beim Notar.

*Keine privatschriftliche Errichtung möglich*

## Aufhebung eines Erbvertrags

Die Aufhebung eines Erbvertrages ist wesentlich schwieriger als die Aufhebung eines Testaments oder sogar eines gemeinschaftlichen Testaments. Der Erbvertrag kann nur durch folgende Maßnahmen aufgehoben werden:

*Möglichkeiten, die erbvertragliche Bindung zu beenden*

▶ Durch Vertrag von den Personen, die den Erbvertrag geschlossen haben (§ 2290 Abs. 1 BGB). Nach dem Tod einer der beteiligten Vertragspartner kann die Aufhebung allerdings nicht mehr erfolgen. Der neue Erbvertrag, durch den der alte Erbvertrag aufgehoben werden soll, kann ebenfalls wieder nur vor einem Notar und nur von denselben Personen aufgehoben werden, die den ursprünglichen Erbvertrag geschlossen haben. Wenn einer der früheren Beteiligten die Mitwirkung bei der Aufhebung verweigert, kann der erste Erbvertrag ebenfalls nicht mehr aufgehoben werden.

*Aufhebungs-*
*testament*
▶ Eine vertragliche Verfügung, durch die ein Vermächtnis oder eine Auflage, nicht dagegen eine Erbeinsetzung angeordnet ist, kann von dem Erblasser durch ein so genanntes Aufhebungstestament aufgehoben werden. Dies kann jedoch nur mit notariell beurkundeter Zustimmungserklärung des anderen Vertragspartners geschehen, wobei die Zustimmung unwiderruflich ist (§ 2291 BGB).

▶ Ein zwischen Ehegatten geschlossener Erbvertrag kann auch durch ein gemeinschaftliches Testament der Ehegatten aufgehoben werden, und zwar auch hinsichtlich der im Erbvertrag enthaltenen vertraglichen Erbeinsetzungen. Ein derartiges gemeinschaftliches Aufhebungstestament kann sowohl in notarieller als auch in privatschriftlicher Form errichtet werden (§ 2292 BGB).

*Rücktrittsvorbehalt*
▶ Darüber hinaus kann der Erblasser vom Erbvertrag zurücktreten, wenn er sich den Rücktritt vorbehalten hat (§ 2293 BGB). Bei Unternehmertestamenten wird es jedoch oft der Fall sein, dass der Erblasser ausdrücklich auf sein Rücktrittsrecht verzichtet, weil z. B. dem Unternehmensnachfolger etwa mit Rücksicht auf bereits von ihm durchgeführte betriebliche Investitionen in jedem Fall der Nachlass zukommen soll. Rechnet der Erblasser allerdings damit, dass später unvorhergesehene Umstände eintreten können, wie z. B. grundlegende Änderungen der wirtschaftlichen oder häuslichen Verhältnisse oder auch eine Wiederverheiratung, dann kann es zweckmäßig sein, dass er im Erstvertrag erklärt: *„Ich behalte mir vor, von diesem Vertrag zurückzutreten."*

*Entzug des*
*Pflichtteils*
▶ Der Erblasser kann auch dann vom Erbvertrag zurücktreten, wenn sich der Bedachte einer Verfehlung schuldig gemacht hat, die den Erblasser zur Entziehung des Pflichtteils berechtigen würde (Drohung, Irrtum, Betrug). Gehört in diesem Fall der Bedachte nicht zu den Pflichtteilsberechtigten (siehe Seite 63 f.), so kann der Erblasser dann vom Erbvertrag zurücktreten, wenn er zu einer Entziehung berechtigt wäre, in dem Fall, dass der Bedachte ein Abkömmling des Erblassers wäre (§ 2294 BGB).

Ein Erbvertrag kann im Ganzen oder in einzelnen Vereinbarungen nur durch einen neuen Erbvertrag derselben Parteien – bei Ehegatten auch durch ein gemeinschaftliches Testament – aufgehoben werden. Nach dem Tod eines Vertragsschließenden ist eine Aufhebung nicht mehr möglich (§§ 2290, 2292 BGB).

## Anfechtung eines Erbvertrags

Der Erbvertrag kann vom Erblasser angefochten werden, soweit dieser über den Inhalt seiner Erklärung im Irrtum war oder eine Erklärung dieses Inhalts überhaupt nicht abgeben wollte und anzunehmen ist, dass er die Erklärung bei Kenntnis der Sachlage nicht abgegeben haben würde. Gleiches gilt, soweit der Erblasser zu der Verfügung durch die irrige Annahme oder Erwartung des Eintritts oder Nichteintritts eines Umstandes oder widerrechtlich durch Drohung bestimmt worden ist (§§ 2281, 2078 BGB). Der Erbvertrag kann auch dann angefochten werden, wenn der Erblasser einen zur Zeit des Erbfalles vorhandenen Pflichtteilsberechtigten übergangen hat, dessen Vorhandensein ihm bei der Errichtung der Verfügung nicht bekannt war oder der erst nach der Errichtung geboren oder pflichtteilsberechtigt geworden ist (§§ 2281, 2079 BGB).

*Berechtigte Vorwürfe lassen einseitigen Rücktritt zu*

Allerdings muss bei der Anfechtung eines Erbvertrages der Pflichtteilsberechtigte (siehe Seite 63, 101), der übergangen wurde, zur Zeit der Anfechtung vorhanden sein. Die Anfechtung kann nicht durch einen Vertreter des Erblassers erfolgen. Wenn der Erblasser in der Geschäftsfähigkeit beschränkt ist, so bedarf er zur Anfechtung nicht der Zustimmung eines gesetzlichen Vertreters (§ 2282 BGB). Die Anfechtung kann nur binnen Jahresfrist erfolgen und bedarf in jedem Falle der notariellen Beurkundung. Im Übrigen kann der Erblasser auch im Erbvertrag auf sein Anfechtungsrecht verzichten. Ein Erbvertrag zwischen Ehegatten ist allerdings nur so lange wirksam, als die Ehe gültig ist und besteht. Wenn die Ehe anders als durch den Tod eines Ehegatten aufgelöst wird, z. B. durch Scheidung, so ist die letztwillige Verfügung, durch die der Erblasser seinen Ehegatten bedacht hat, unwirksam. Bei Lebensgemeinschaften ohne Trauschein muss in jedem Fall ein Rücktrittsvorbehalt vereinbart werden. Denn eine Trennung führt hier nicht wie eine Scheidung dazu, dass der Erbvertrag automatisch unwirksam wird.

*Anfechtung muss binnen Jahresfrist erfolgen*

## Weitgehende Verfügungsfreiheit zu Lebzeiten

*Ungerechtfertigte*
*Bereicherung*

Durch einen Erbvertrag wird das Recht des Erblassers, über sein Vermögen durch Rechtsgeschäft unter Lebenden zu verfügen, nicht beschränkt (§ 2286 BGB). Verboten sind dem Erblasser nur so genannte böswillige Schenkungen (§ 2287 BGB). Böswillige Schenkungen sind solche, die der Erblasser in der Absicht vorgenommen hat, den Vertragserben zu beeinträchtigen, d. h. die Erbschaft auszuhöhlen. Verboten sind ferner absichtliche Störungen bzw. Beschädigungen oder Veräußerungen sowie Belastungen des vertragsgemäß zugewendeten Gegenstandes (§ 2288 BGB). Liegen derartige böswillige Schenkungen oder Beeinträchtigungen des Bedachten vor, so kann der vertragliche Erbe nach Anfall der Erbschaft die Herausgabe des Geschenkes nach den Vorschriften über die Herausgabe einer ungerechtfertigten Bereicherung verlangen.

> **Tipp:** Soll die Gefahr einer Aushöhlung des Erbvertrages vertraglich ausgeschlossen werden, so könnte daran gedacht werden, dass beide Partner des Erbvertrages zusätzlich zu diesem noch eine schuldrechtliche Vereinbarung treffen, wonach Verfügungen über die Erbmasse oder einzelne (bestimmte) Gegenstände der Erbmasse zu unterlassen sind oder zumindest von unentgeltlichen Verfügungen Abstand genommen werden sollte. Ein derartiger Verfügungs-Unterlassungsvertrag unterliegt keiner bestimmten Form, auch dann nicht, wenn sich der Erblasser verpflichten sollte, Grundstücksverfügungen zu unterlassen, weil die Formvorschrift des § 313 BGB bei Unterlassungsverpflichtungen nicht eingreift.

Da der Erblasser, von diesen Ausnahmefällen abgesehen, in seinen Verfügungen zu Lebzeiten grundsätzlich frei ist, taucht in der Praxis häufig die Frage auf, wie die Rechtslage ist, wenn durch Schenkungen unter Lebenden ein abgeschlossener Erbvertrag in seiner Wirkung und seiner Substanz aufgehoben, d. h. ausgehöhlt wird. Nach der Rechtsprechung hat eine derartige Aushöhlung grundsätzlich nur dann die Nichtigkeit der Verfügung unter Lebenden zur Folge, wenn die Wirkung dieses Zweitgeschäfts, d. h. der Schenkungen, erst mit dem Tod und nicht schon sofort eintritt und sich auf nahezu den ganzen Nachlass erstreckt. Das Vorliegen einer Aushöhlung eines Erbvertrages mit Nichtigkeitsfolge der Zweitgeschäfte ist also nur in Ausnahmefällen zu unterstellen.

Das Testament unterscheidet sich vom Erbvertrag dadurch, dass der Erblasser hier einseitig und allein die Erbfolge regelt, während der Erbvertrag eine Vereinbarung zwischen dem Erblasser und einem oder mehreren Dritten ist, die je nach dem Inhalt des Erbvertrages etwa Erben oder Vermächtnisnehmer werden. Während das Testament, von einer Ausnahme (dem gemeinschaftlichen Testament) abgesehen, grundsätzlich jederzeit einseitig widerrufen und geändert werden kann, ist der Erblasser an den Erbvertrag gebunden. Ein Rücktritt ist nur ausnahmsweise möglich. Die Tatsache, dass der Erblasser sich im Erbvertrag für die Zukunft grundsätzlich unabänderlich festlegen muss, ist mit entscheidend dafür, dass das Testament für die Nachlassregelung bevorzugt wird.

*Erbe oder Vermächtnis-nehmer*

Der Abschluss eines Erbvertrags ist dort empfehlenswert, wo es dem Erblasser darauf ankommt, noch zu seinen Lebzeiten für die mit seinem Tod erfolgende Zuwendung eine Gegenleistung zu erhalten (beispielsweise der Vertragspartner sagt zu, dem Erblasser bis zu seinem Tod eine Rente zu zahlen, ihn zu pflegen/verpflegen). Im Gegensatz zum Testament bedarf der Erbvertrag immer der notariellen Beurkundung.

*Wann ist ein Erbvertrag zu empfehlen?*

# Gestaltungsbausteine einer letztwilligen Verfügung

Nachdem Sie in den beiden vorangehenden Abschnitten erfahren haben, in welcher Form Sie eine wirksame letztwillige Verfügung errichten können, konzentriert sich die folgende Darstellung auf deren möglichen Inhalt. Es herrscht das Prinzip der Testierfreiheit, d. h. der Erblasser ist in der Gestaltung seines letzten Willens grundsätzlich frei, soweit seine Anordnungen nicht gegen das Gesetz oder die guten Sitten verstoßen. Eine deutliche Grenze bilden insbesondere die Pflichtteilsansprüche nächster Angehöriger (siehe Seite 43, 64).

*Prinzip der Testierfähigkeit*

Es gibt einige „Bausteine" für die Gestaltung des letzten Willens, die bestimmte rechtliche Wirkungen nach sich ziehen. Diese sollten Sie kennen, damit das von Ihnen Gewollte auch zum Zuge kommt. Formulierungshilfen unterstützen Sie dabei. An dieser Stelle sei aber nochmals darauf hingewiesen, dass der Ratgeber Ihnen dabei behilflich sein kann, die Grundlagen des Vererbens und Erbens zu verstehen und ein Gefühl dafür zu entwickeln, was alles durch eine letztwillige Verfügung regelbar sein kann. Sobald aber die Verhältnisse komplexer werden, empfiehlt es sich, den Rat von Experten einzuholen.

*Auf Expertenrat sollte nicht verzichtet werden*

Wer richtig
handelt, kann
seiner Familie
strategische
Vorteile
verschaffen

*Ein jeder hat das Recht, folgende Punkte in einer letztwilligen
Verfügung selbst zu bestimmen:*

▶ *die gesetzliche Erbfolge unter Beachtung der Pflichtteils-Regelung auf-
zuheben;*

▶ *einzelne Gegenstände aus dem Vermögensverzeichnis an ganz
bestimmte gesetzliche Erben zu übertragen;*

▶ *die gesetzlichen Erben zwar das Vermögen erben zu lassen, aber nicht
im Verhältnis der gesetzlichen Anteils-Regelung;*

▶ *jemanden mit einem Vermögensvorteil zu bedenken, z. B. einem
Freund den teuren Teppich aus dem Vermögen zu vermachen oder ein
Wohnrecht für die Haushälterin zu bestimmen;*

▶ *im Falle des persönlichen Ablebens zwar den Ehepartner zu versorgen,
aber trotzdem zu vermeiden, dass dieser im Falle einer erneuten Heirat
das Vermögen des Erblassers später dem neuen Ehepartner vererbt;*

▶ *jemanden zu benennen, der den letzten Willen im Erbfall vollzieht,
den Nachlass verwaltet oder Erbauseinandersetzungen unter den Miterben als Vertrauensperson im persönlichen Sinne regelt.*

## Individuelle Regelung der Erbfolge

Kenntnis der
Sachlage

Achten Sie darauf, dass Ihr letzter Wille eindeutig abgefasst ist. Wichtig ist beispielsweise, dass Sie beim Abfassen Ihres Testaments keine
Erbberechtigten übergehen, damit diese das Testament nicht anfechten können. Sind Sie etwa verwitwet und haben Sie Ihre beiden Kinder zu Alleinerben eingesetzt, später aber wieder geheiratet, so ist
Ihre neue Frau ebenfalls pflichtteilsberechtigt geworden. Würden Sie
sterben, dann könnten Ihre Kinder sagen: Wir sind Alleinerben,
während die Stiefmutter dagegenhalten könnte: Als mein Mann sein
Testament errichtete, war er sich nicht bewusst, dass er mich als
Pflichtteilsberechtigten übergangen hat. Im Falle einer Anfechtung
des letzten Willens muss sich das Gericht hier nun fragen, ob Sie bei
Kenntnis der Sachlage auch dann nur Ihre beiden Kinder als Erben eingesetzt hätten. Das Gericht kann diese Entscheidung jedoch nicht
mehr treffen, denn Sie sind ja tot. Um solche Fehler zu vermeiden,
sollten Sie in Ihrem Testament wirklich alles eindeutig festlegen.

## Formulierungshilfe

**Testament bei Eheleuten:**

*„Ich setze meine Ehefrau ..., geb. am ..., als meine Alleinerbin ein."*

Oder: *„Wir setzen uns gegenseitig als Alleinerben ein."*

**Ausschluss von Anfechtungen von Todes wegen:**

*„Eine Anfechtung wegen Übergehung von Pflichtteilsberechtigten soll
ausgeschlossen sein."*

Oder: *„Ich setze meine Tochter ... als Alleinerbin ein. Diese Erbeinsetzung soll auch gelten, wenn Pflichtteilsberechtigte hinzukommen. Diese
sollen kein Anfechtungsrecht haben."*

**Das Erbe soll sich entweder/oder auf leibliche und eheliche oder
nichteheliche oder adoptierte Kinder erstrecken:**

*„Ich setze meine ehelichen und auch meine adoptierten Kinder zu glei-
chen Teilen als Erben ein."*

Wenn Sie in Ihrem letzten Willen von der gesetzlichen Erbfolge abwei-
chen und zu dem Zeitpunkt bestehende gesetzliche Erben übergehen,
gelten diese damit als enterbt. Etwa wenn ein verwitweter Erblasser
zwei Kinder hat und in seinem Testament das eine Kind zum Alleinerben erklärt, das andere aber unerwähnt lässt. Damit hat er Letzteres
von der gesetzlichen Erbfolge ausgeschlossen. Umgekehrt kann er aber
auch bestimmen, dass jemand enterbt sein soll. Schließt der Erblasser
jedoch sämtliche gesetzliche Erben von der Erbfolge aus, ohne einen
Erben zu benennen, so ist der Fiskus gesetzlicher Erbe!

## Formulierungshilfe

**Ausschluss von der Erbschaft:**

*„Mein Sohn ... ist von jeder Erbfolge ausgeschlossen. Sollten bei meinem
Ableben eheliche Abkömmlinge von ihm am Leben sein, so erstreckt sich
die Ausschließung nicht auf diese Abkömmlinge."*

Kombinations-
möglichkeiten

**Ausschluss von der gesetzlichen Erbfolge:**

*„Mein Kind ... schließe ich als gesetzlichen Erben aus. Der Ausschluss erstreckt sich auch auf seine Abkömmlinge."*

Oder: *„... setze ich auf seinen Pflichtteil."*

Oder: *„Zu meinen Erben setze ich meine drei Kinder A, B und C ein. Sie erhalten jedes ein Drittel meines Nachlasses. Ich ordne an, dass dasjenige meiner Kinder, das zur Weiterführung meines Handwerksbetriebes am geeignetsten ist, als Vorausvermächtnis ohne Anrechnung auf seinen Erbteil meinen Handwerksbetrieb erhält. Die Bestimmung, welches meiner Kinder das ist, nimmt mein langjähriger Mitarbeiter ... vor. Meiner Ehefrau vermache ich den Nießbrauch an meinem gesamten sonstigen Vermögen."*

Der Erblasser kann zwar die Tochter, mit der er sich zeitlebens nie verstand, im Testament von der Erbfolge ausschließen. Das Pflichtteilsrecht sichert jedoch insoweit den nächsten Angehörigen – auch gegen den Willen des Erblassers – einen Anteil am Nachlass.

*Erbunwürdigkeit bedeutet: vom Pflichtteil ausgeschlossen*

Immer wieder kommt es vor, dass sich Verwandte gegenüber dem Erblasser als grob undankbar erweisen. Beispiel: Der Sohn verprügelt im Streit seinen Vater. Das kann sich im Nachhinein rächen, denn gesetzliche Erben können wegen Erbunwürdigkeit enterbt werden. Steht im Testament ein solcher Passus zu Recht, erhält der gewalttätige Erbe keinen Pfennig. Er bekommt also nicht einmal seinen Pflichtteil. Dies gilt ebenso, wenn Ihnen Ihre Kinder, Eltern oder Ihr Ehegatte Ihnen, Ihrer Frau oder den Kindern nach dem Leben getrachtet haben bzw. diese vorsätzlich körperlich misshandelt oder sich eines Verbrechens gegen Sie oder Ihrer Frau schuldig machten. Aber auch dann, wenn sie die Unterhaltspflicht böswillig verletzen oder einen ehrlosen und unsittlichen Lebenswandel führen, kann ihnen der Pflichtteil entzogen werden.

## Formulierungshilfe

**Erbausschluss:**

*„Ich entziehe meinem Sohn ... den Pflichtteil, weil er einen ehrlosen und unsittlichen Lebenswandel gegen meinen Willen führt. Er lebt seit ... Monaten mit einer verheirateten Frau zusammen, die von ihm ein Kind hat. Als Zeugen benenne ich die Hausbewohner ... Außerdem berufe ich mich auf die Prozessakten des Landgerichts ... wegen Anfechtung der Ehelichkeit."*

**Änderung im Fall nachträglicher Verzeihung:**

*„Ich habe meinem Sohn ... verziehen. Die seinerzeitige Entscheidung des Pflichtteilsentzuges ist daher gegenstandslos, und er soll in gleicher Weise wie meine übrigen Kinder erbberechtigt sein."*

*Unsittlicher Lebenswandel*

Sie können es auch bei den Erben belassen, die das Gesetz vorsieht, jedoch die Verteilung des Erbes abweichend gestalten. Über die rechtlichen Konsequenzen sollten Sie sich allerdings beraten lassen.

## Formulierungshilfe

**Verhältnis der Erbteile:**

*„Ich setze meine Frau ... zur Hälfte und meine Kinder A und B je zu $\frac{1}{4}$ ein."*

Sind noch weitere Kinder zu erwarten:

*„Ich setze meine Frau ... zur einen Hälfte und meine Kinder, ganz gleich, aus welcher Ehe sie stammen, zur anderen Hälfte, und zwar unter sich zu gleichen Teilen als Erben ein."*

*Abweichende Verteilung des Erbes*

## Einsetzung eines Ersatzerben

Da man sich bei Abfassen seines Testaments nicht sicher sein kann, ob die als Erben eingesetzten Personen den Erbfall auch tatsächlich erleben und nicht vorher versterben oder nach dem Erbfall die Erbschaft ausschlagen, kann es sich empfehlen, für diesen Fall ausdrücklich einen Ersatzerben zu benennen.

---

### Formulierungshilfe

*Dem Vorerben steht nur ein beschränktes Verfügungsrecht über die Erbschaft zu*

Können weder Frau B noch die beiden Kinder oder Enkel das Erbe antreten, nennt A ersatzweise seinen Bruder. Er formuliert:

*„Sollten die im Testament bestimmten Erben nicht zur Erbfolge gelangen, bestimme ich meinen Bruder ... (Name, Vorname), wohnhaft in ..., zum Ersatzerben."*

Oder eine weitere Variante:

*„Mein Sohn ..., ersatzweise dessen Abkömmlinge, sind berechtigt, mein Haus in der ... (Adresse) zum amtlichen Schätzwert im Augenblick meines Todes zu übernehmen. Die darauf ruhenden Belastungen sind hiervon abzuziehen. Dieses Übernahmerecht muss innerhalb eines Jahres nach meinem Tod ausgeübt werden. Der Übernahmepreis ist an meine Abkömmlinge im Verhältnis der gesetzlichen Erbteile auszuzahlen, wobei mein Sohn ... ebenfalls mit seinem Anteil berücksichtigt wird. Die Auszahlung hat in fünf gleichen Jahresraten, beginnend mit der Übernahme, zu erfolgen. Eine Verzinsung findet nicht statt. Die Miterben können verlangen, dass zu ihrer Sicherheit eine Hypothek eingetragen wird."*

---

### Vor- und Nacherbschaft

Will der Verfügende sein Vermögen über mehrere Generationen bzw. Erben hinweg in der Substanz erhalten wissen oder einfach nur die Wege des Vermögens lenken, so kann er zu dem Instrument der Vor- bzw. Nacherbschaft (§§ 2100–2146 BGB) greifen. Der erste Erbe bekommt dann den Nachlass als Vorerbe, eine andere Person wird später Nacherbe. Es können durchaus auch noch weitere Nacherben nach diesem ersten Nacherben eingesetzt werden.

**Wichtig:** *Das Erbrecht der Nacherben bezieht sich stets nur auf den Nachlass des ursprünglichen Erblassers, dessen Erbe sie sind. Über sein eigenes Vermögen kann der Vorerbe jeweils frei verfügen und muss es nicht an die Nacherben vererben.*

Da der Sinn der Anordnung einer Nacherbschaft ist, das Vermögen des Erblassers in seiner Substanz oder zumindest seinem Wert für die Nachfolgenden zu erhalten, ist der Vorerbe in seiner Verfügungsbefugnis über den Nachlass eingeschränkt – es sei denn, der Erblasser befreit ihn in seiner Verfügung von Todes wegen ausdrücklich von den Beschränkungen und Verpflichtungen (so genannter befreiter Vorerbe). Für den nichtbefreiten Vorerben gilt vor allem:

*Befreiung von Beschränkungen und Verpflichtungen*

- ▶ Verfügungen über ein zum Nachlass gehörendes Grundstück oder Hypothekenforderungen, Grund- und Rentenschulden sind im Fall des Eintritts der Nacherbfolge unwirksam, wenn dadurch das Recht der Nacherben vereitelt oder beeinträchtigt würde;
- ▶ Schenkungen aus dem Nachlass sind unzulässig, soweit sie nicht aus einer sittlichen Pflicht und einer auf den Anstand zu nehmenden Rücksicht heraus erfolgen;
- ▶ Auf Verlangen der Nacherben sind bestimmte Wertpapiere zu hinterlegen;
- ▶ Geld darf er nur mündelsicher anlegen.

Der nichtbefreite Vorerbe muss den Nachlass des ursprünglichen Erblassers in dem Bestand übergeben, in dem er ihn übernommen hat. Er kann also die Früchte ernten, ohne an die Substanz gehen zu dürfen. Hält er sich nicht daran und verwendet Nachlassgegenstände für eigene Zwecke, entstehen bei Eintritt des Nacherbfalls entsprechende Ersatzansprüche (siehe Seite 82) des Nacherben an ihn.

Befreit der Erblasser den Vorerben dagegen in seiner letztwilligen Verfügung von diesen Verfügungseinschränkungen, so bleibt den Nacherben nur der Rest des ursprünglich vererbten Vermögens. Allerdings darf auch der ansonsten befreite Vorerbe den Nachlass nicht durch Schenkungen mindern – und übt er seine weitreichenden Befugnisse böswillig zum Nachteil der Nacherben aus, so entsteht bei diesen ein Schadenersatzanspruch.

*Bei Nachteilen Schadenersatzanspruch*

Üblicherweise wird der Nacherbfall mit dem Tod des Vorerben eintreten. Dies ist stets der Fall, wenn der Erblasser nichts Anderweitiges bestimmt hat. Er kann aber auch ausdrücklich irgendein anderes Ereignis festlegen, bei dessen Eintritt das Erbe des ursprünglichen Erblassers auf den Nacherben übergehen soll, z. B. im Fall der Wiederverheiratung der als Vorerbin eingesetzten Witwe oder des Eintritts der Volljährigkeit der Kinder.

*Ereignisfestlegung*

*Durch testamentarische Anordnung kann eine Nacherbfolge vermieden werden*

### Formulierungshilfe

Herr A will, dass zuerst seine Ehefrau B und nach deren Tod die Kinder erben sollen. Ehefrau B soll nicht frei über den Nachlass verfügen dürfen. Herr A formuliert wie folgt:

*„Ich setze meine Frau B zur alleinigen Erbin ein. Sie ist jedoch nur Vorerbin und soll – soweit gesetzlich möglich – von gesetzlichen Beschränkungen befreit sein. Als Nacherben bestimme ich meine beiden Kinder C und D zu gleichen Teilen. Der Nacherbfall tritt mit dem Tod des Vorerben ein."*

Oder eine weitere Variante:

*„Meine Ehefrau setze ich zu meiner Vorerbin ein. Meine Kinder A, B und C sind Nacherben zu je einem Drittel. Der Nacherbfall tritt ein, wenn das jüngste meiner Kinder 25 Jahre alt geworden ist. Als Vorausvermächtnis – ohne Anrechnung auf ihren Erbteil – vermache ich meiner Ehefrau mein Mehrfamilienhaus in ... und meine Wertpapiere, die bei der ...-Bank in ... verwahrt werden."*

Würde der länger lebende Ehegatte ein weiteres Mal heiraten, soll dessen Erbe nach Vater A's letztem Willen an die Kinder gehen. Er formuliert hierzu:

*„Sollte der überlebende Ehepartner wieder heiraten, so wird er nur als Vorerbe eingesetzt. Nacherben sollen unsere gemeinsamen Kinder C und D sein. Mit der Wiederverheiratung tritt der Nacherbfall ein."*

*Vorsicht bei der Adoption Volljähriger*

**Wichtig:** Bei der Adoption Volljähriger besteht – im Gegensatz zur Adoption Minderjähriger – die Gefahr, dass das Kind den Annehmenden beerbt und dass das Vermögen des Annehmenden sodann aufgrund gesetzlicher Erbfolge unter Umständen auf die leiblichen Eltern des Kindes übergeht! Dieser Übergang dürfte meist nicht dem Willen des Annehmenden entsprechen, er ergibt sich aber aus der gesetzlichen Erbfolge (siehe Seite 11 ff., 95 f.) und kann nur durch testamentarische Anordnung einer Nacherbfolge vermieden werden!

## Vermächtnis

Der Erblasser kann durch letztwillige Verfügung einem anderen, auch ohne ihn als Erben einzusetzen, gezielt einen bestimmten Vermögensvorteil zuwenden (§§ 2147–2191 BGB). Gegenstand eines Vermächtnisses kann alles sein, was als Leistung aus einem Schuldverhältnis vereinbart werden kann (Geldzahlung, Übereignung einer Sache, aber auch die Einräumung eines Gestaltungsrechts o. Ä.). Mit dem Vermächtnis wird der Erbe oder ein anderer Vermächtnisnehmer (Untervermächtnis) „beschwert", d. h. der Beschwerte ist verpflichtet, die vermachte Leistung gegenüber dem damit Bedachten zu erbringen.

*Der Vermächtnisnehmer hat eine Forderung gegen die Erben*

### Formulierungshilfe

A will neben seiner Familie auch anderen Personen etwas zukommen lassen. Er formuliert:

*„Ich ordne folgendes Vermächtnis an: Meine ... (beispielsweise Münzsammlung) soll mein ... (beispielsweise langjähriger Kegelbruder), Name ..., wohnhaft in ... (Ort, Straße) bekommen."*

### Geldwertes Vermächtnis

Der Erblasser kann festlegen, dass eine bestimmte Person aus dem Nachlass eine feste Geldsumme erhalten soll. Im Weges des Vermächtnisses lassen sich aber auch bestehende Forderungen zuwenden oder Schulden erlassen.

*Der Vermächtnisnehmer hat nicht die Stellung eines Erben*

### Formulierungshilfe

**Geldvermächtnis:**

*„Meine langjährige Haushälterin ... (Name, Adresse) erhält aus meinem Nachlass ... Mark, fällig ein Jahr nach meinem Tode."*

*Vermächtnis-*
*nehmer kann*
*zugleich Erbe sein*

**Forderungsvermächtnis:**

*„Mein Sohn ... erhält außer seinem Erbteil noch 1000 Mark, die mir als Forderung gegen Herrn ... zustehen."*

**Befreiungsvermächtnis:**

*„Meinem Bruder ... erlasse ich die mir geschuldeten 1000 Mark."*

## Wahlvermächtnis

*Gegenstände aus*
*dem Nachlass*

In diesem Fall legt der Erblasser fest, dass der Begünstigte eine bestimmte Anzahl von näher bezeichneten Gegenständen aus dem Nachlass bekommen soll. Zugleich ordnet er an, wer die Auswahl treffen soll: beispielsweise der Bedachte selbst, Dritte oder der mit dem Vermächtnis Beschwerte. Unterlässt er eine Bestimmung des zur Auswahl Befugten, ist dies im Zweifel der Bedachte.

### Formulierungshilfe

*„Meinem Freund ... vermache ich aus meinem Nachlass zwei Anzüge, die er selbst auswählen darf."*

Oder: *„Mein Enkelkind ... erhält als Vermächtnis aus meinem Schmuck zwei Ringe, die sie sich selber aussuchen darf."*

## Gattungsvermächtnis

*Festlegung der*
*Sache, nicht der*
*Auswahl*

Der Verfügende bestimmt lediglich die Gattung der zu vermachenden Gegenstände. Die Auswahl trifft dann der Beschwerte, sofern keine andere Person hierfür benannt worden ist.

### Formulierungshilfe

*„Meinem Fahrer ... vermache ich 100 Flaschen Wein."*

Oder: *„Meine Putzfrau ... soll von meinen Erben vier Tafeltischdecken erhalten."*

**Verschaffungsvermächtnis**

In diesem Fall wird der Vermächtnisnehmer mit einem Gegenstand bedacht, der gar nicht zum Nachlass des Erblassers gehört. Die mit dem Vermächtnis Beschwerten haben hier die Aufgabe, den vermachten Gegenstand erst noch zu besorgen. Ist dies nicht möglich, so hat er den Wert zu entrichten. Diese Möglichkeit kann er auch wählen, wenn die Beschaffung nur mit unverhältnismäßigen Aufwendungen durchzuführen ist. Ist nicht deutlich zum Ausdruck gebracht, dass es sich um ein Verschaffungsvermächtnis handelt, entfällt eine Vermächtnisanordnung, wenn der vermachte Gegenstand nicht zum Nachlass gehört.

*Gegenstände müssen noch besorgt werden*

---

## Formulierungshilfe

*Der Wille muss deutlich zum Ausdruck kommen*

*„Meinem Sohn A verschaffe ich das Motorrad Marke BMW, das meinem Sohn B gehört, da dieser aus meinem Nachlass meinen Wagen Mercedes 300 D erhalten soll."*

Oder: *„Mein verstorbener Mann und ich sind als Miteigentümer zu je $\frac{1}{2}$ des Grundstücks ... in der ... (Ort, Straße) eingetragen. Mit dem Tod meines Mannes ist die gesetzliche Erbfolge eingetreten. Gesetzliche Erben meines Mannes wurden ich, seine Witwe, zu $\frac{1}{2}$ und die gemeinschaftlichen Kinder C und D zu je $\frac{1}{4}$. Ich bin somit an diesem Grundstück zu $\frac{3}{4}$ beteiligt. Für die mir geleistete Hilfe erhält meine Tochter C dieses Grundstück als Vorausvermächtnis. Mein Sohn D ist somit verpflichtet, auch seinen Anteil an diesem Grundstück auf seine Schwester C zu übertragen."*

---

**Vorausvermächtnis**

Auch einem Erben kann ein Vermächtnis ausgesetzt werden. Dies macht man dann, wenn man einem Erben etwas zukommen lassen will, ohne dass dies auf seinen Erbteil angerechnet wird. Das Vermachte ist also ein „Voraus" zum Erbteil. Die Erbquoten der einzelnen Erben errechnen sich dann auch aus dem Nachlass abzüglich des voraus Vermachten.

**Den Kindern ein Vermächtnis hinterlassen, um dem Lebenspartner das Erbe zu sichern**

> ## Formulierungshilfe
>
> *„Ich ordne folgendes Vorausvermächtnis an: Meine Tochter B soll sämtliche Wertpapiere erhalten, die sich in meinem Wertpapier-Depot bei der ... (Name der Bank) in ... (Ort) befinden."*
>
> Oder: *„Mein als Miterbe berufener Sohn A erhält als Voraus meine Zimmereinrichtung. A erhält diese neben dem Anteil am sonstigen Nachlass und nicht in Anrechnung auf den Erbteil."*

### Nachvermächtnis

Der Erblasser kann analog zur Vor- und Nacherbfolge in seiner letztwilligen Verfügung anordnen, dass das Vermächtnis bei Eintritt eines bestimmten Ereignisses – dem Tod des ersten Vermächtnisnehmers oder einer anderen Bedingung – an einen Nachvermächtnisnehmer fällt.

> ## Formulierungshilfe
>
> *„Mein Neffe A erhält mein Ackergrundstück in der Gemarkung ... als Vermächtnis. Mein Bruder B erhält zunächst den lebenslänglichen Nießbrauch daran. Dieser Nießbrauch ist auf sein Verlangen im Grundbuch einzutragen."*

### Vermächtnis und Verstoß gegen die guten Sitten

Der letzte Wille des Erblassers kann angefochten werden, wenn dieser gegen die guten Sitten verstößt. Eine Sittenwidrigkeit kann zum Beispiel dann bestehen, wenn Sie neben Ihrer Frau auch noch eine Freundin hatten und dieser nach Ihrem Tod noch etwas zukommen lassen wollen. Von daher gilt der Grundsatz: Geschenke, die Sie vor Ihrem Tod machen, bereiten mehr Spaß. Um dem allem aus dem Wege zu gehen, gibt es nur einen Dreh, den nicht Ihren letzten Willen respektierenden und neidischen Erben einen Strick zu drehen: Bestimmen Sie einfach in Ihrem Testament zusätzlich, dass jeder, der diesen Ihren letzten Willen anfechten sollte oder eine Änderung Ihres Testaments anstreben würde, automatisch zu enterben sei. Es ist also immer wichtig, etwas im Testament anzuführen, was es denjenigen schwer macht, die Ihren letzten Willen nicht respektieren möchten. Denn im Allgemeinen

*Tipp: Wer beim letzten Willen die richtigen Worte findet, der vermeidet unnötigen Streit unter den Erben.*

werden Schenkungen aus sexuellen Motiven als sittenwidrig (und damit anfechtbar) angesehen.

Mit einigen entsprechenden testamentarischen Bemerkungen nehmen Sie übrigens so manchem stolzen Argument den Wind aus den Segeln. Unterstützung finden Sie dabei in dem Urteil des BGH (Az. V 2 R 187/71). So dürfen Sie Folgendes in Ihrem Testament darlegen:

- „Meine Beziehung zu meiner Freundin erschöpfte sich keineswegs nur im Sexuellen, sondern sie musste auch Opfer bringen."
- „Auch die Kinder der Geliebten wollen versorgt sein."
- „Meine Frau ist wirtschaftlich durch entsprechende Zuwendungen gesichert."
- „Meine Ehe ist seit dem ... zerrüttet."
- „Ich wurde von meiner Freundin gepflegt."
- „Ohne das Verständnis und die Liebe der Freundin hätte ich das Vermögen nicht erwerben bzw. halten können."

## Auflage

Eine Auflage ist, im Gegensatz zur Erbeinsetzung oder dem Vermächtnis, keine Zuwendung, sondern die Auferlegung einer Verpflichtung. Dem Auflagenbegünstigten steht von daher auch kein Forderungsrecht zu, somit auch kein Klagerecht auf Vollziehung der Auflage (§§ 2192–2196 BGB). Lediglich die Erben (übrigens auch übergangene gesetzliche Erben) können die Erfüllung der Auflage durchsetzen. Ausnahme: Wenn die Vollziehung der Auflage im öffentlichen Interesse liegt – beispielsweise die Verpflichtung zur Errichtung einer Stiftung oder der Übereignung von Gegenständen an öffentliche Museen oder Sammlungen –, kann auch die entsprechend zuständige Behörde die Auflagenerfüllung verlangen.

*Die Auflage ist die Auferlegung einer Verpflichtung*

*Wichtig: Im Testament muss auf jeden Fall klargestellt werden, wer Erbe, wer Vermächtnisnehmer oder wer Auflagenbegünstigter sein soll. Ein ganz schlechtes Testament lautet: A soll bekommen ..., B soll bekommen ... usw.*

## Formulierungshilfe

A möchte nach seinem Tod bestimmte Angelegenheiten in seinem Sinne geregelt wissen. Er formuliert hierzu:

*„Mein Freund ... (Name, Adresse) erhält 30 000 Mark mit der Auflage, dass er mein Grab im standesgemäßen und ortsüblichen Umfang pflegen und jeweils am Vatertag frische Blumen auf das Grab legen soll.“*

Die Erben bzw. ein Vermächtnisnehmer soll zu einer Leistung verpflichtet werden, ohne einem anderen ein Recht auf diese Leistung zuzuwenden:

*„Unsere Erben sind verpflichtet, für die Unterhaltung und Pflege unseres Familiengrabes jährlich den Betrag von mind. 90 Mark aufzuwenden, sowie an die Armen unserer Stadt den Betrag von jährlich 800 Mark auszuzahlen.“*

Eine komplexere Regelung könnte lauten:

*„Mein Erbe A ist verpflichtet, 5000 Mark an einen gemeinnützigen Verein zur Pflege des Umweltschutzes zu zahlen. Meine Erben B und C sind verpflichtet, dafür zu sorgen, dass mein Grab zehn Jahre lang nur mit weißen Rosen bepflanzt wird. Meinem Neffen D mache ich zur Auflage, meinen Hund angemessen zu versorgen. Meine Erben verpflichte ich, meinen langjährigen Freunden als Erinnerung an mich jeweils ein Ölbild aus meiner Bildersammlung auszuhändigen. Die Bestimmung, wer welches Bild erhält, trifft mein Testamentsvollstrecker. Demjenigen meiner Kinder, das meinen Handwerksbetrieb erhält, mache ich zur Auflage, diesen nach Übernahme zehn Jahre lang nicht zu verkaufen.“*

## Teilungsanordnung

*Expertenrat nutzen*

Wer möglichen Streit in der Verwandtschaft vermeiden will, muss in sein Testament aufnehmen, was im Einzelnen jeder bekommen soll (Teilungsanordnung). Damit es dabei möglichst keine Probleme gibt, kann er gegebenenfalls eine Vertrauensperson als Testamentsvollstrecker einsetzen.

## Formulierungshilfe

*„Zu meinen Erben setze ich meine Kinder A, B und C zu jeweils gleichen Teilen ein. Ich ordne nachfolgende Teilung an: A erhält mein Grundstück in ..., B erhält mein unbebautes Grundstück in ..., C erhält mein Zweifamilienhaus in ... nebst meiner gesamten Wohnungseinrichtung, wie sie bei meinem Tod noch vorhanden ist. Ich ordne an, dass meine Erben untereinander nicht ausgleichungspflichtig sind, auch wenn der Wert des zugewandten Gegenstandes höher bzw. niedriger ist als die Erbquote."*

*Falsche Teilungs-anordnung führt zu Pflichtteils-ergänzungs-ansprüchen*

## Testamentsvollstrecker

Der Erblasser kann in seinem Testament einen oder mehrere Testamentsvollstrecker einsetzen. Dies können zum einen alle voll geschäftsfähigen natürlichen Personen sein, zum anderen kommen aber auch juristische Personen hierfür in Betracht.

*Befugnisse des Testaments-vollstreckers: abhängig vom letzten Willen des Erblassers*

Der Testamentsvollstrecker kann für zwei Zielsetzungen zum Einsatz kommen:

▶ Im Zuge der Abwicklungsvollstreckung hat er dafür zu sorgen, dass der Nachlass zwischen den Miterben ordnungsgemäß verteilt und den letztwilligen Anordnungen des Erblassers Folge geleistet wird;

▶ Im Rahmen der Dauervollstreckung kann der Erblasser dem Testamentsvollstrecker die reine Verwaltung des Nachlasses übertragen, ohne ihm darüber hinausgehende Aufgaben zuzuweisen. Dies kann für höchstens 30 Jahre ab Eintritt des Erbfalls verfügt werden. Möglich ist aber auch, den Eintritt eines bestimmten Ereignisses (z. B. Erreichen eines bestimmten Lebensalters des Erben) oder eine bestimmte Zeitdauer als Grenze für die Verwaltung durch den Testamentsvollstrecker festzulegen.

Der Testamentsvollstrecker ist nicht verpflichtet, das ihm vom Erblasser übertragene Amt anzutreten. Er kann auch ablehnen. Nimmt er das Amt jedoch an, muss er dies dem Nachlassgericht gegenüber eindeutig erklären.

> ### Formulierungshilfe
>
> *„Mein Sohn A erhält das Grundstück Nr. ..., meine Tochter B das Grundstück Nr. ... der Gemarkung ... Eine Ausgleichung hat deswegen unter ihnen nicht stattzufinden, da diese Grundstücke etwa gleichwertig sind. Zur Ausführung dieser Bestimmungen ernenne ich Herrn ... zu meinem Testamentsvollstrecker. Dieser soll auch die Auseinandersetzung meiner beweglichen Habe unter den Miterben nach billigem Ermessen herbeiführen."*
>
> Oder: *„Zu meinen Erben setze ich meine Kinder A, B und C zu jeweils gleichen Teilen ein. Die Verteilung des Nachlasses auf die Erben erfolgt nach billigem Ermessen durch meinen Freund ... (Name, Adresse)."*

*Testaments-
vollstrecker sind
nicht an
Weisungen der
Erben gebunden*

Immer mehr Erblasser setzen ihren Nachkommen einen Testamentsvollstrecker vor die Nase. Dabei ist aber zugleich zu bedenken, dass sie damit in zahlreichen Fällen lange Fehden programmieren. „Sie ruhen in Frieden und sie haben für Unfrieden gesorgt. Was übrig bleibt, sind Misstrauen, Missverständnisse und Sprachlosigkeit." Die Fälle, in denen Vollstrecker tätig werden, hat sich in den letzten Jahren in etwa verdreifacht. Und viele Erben stehen dem Vollstrecker äußerst reserviert bis feindlich gegenüber, weil sie ungehindert auf das Vermögen des Verblichenen zugreifen wollen. Von daher lauern geradezu viele nur auf eine Gelegenheit, dem Testamentsvollstrecker am Zeug zu flicken. Überlegen Sie sich daher gut, ob die Einsetzung eines Testamentsvollstreckers in Ihrem Fall notwendig ist und wer dafür am besten in Frage kommt. Das Amt des Testamentsvollstreckers endet spätestens mit seinem Tod.

## Schiedsgerichtsklausel

*Einfacher und
kostengünstiger*

Entsprechend dem Gesetz über das Schiedsverfahren vom 1. Januar 1998 müssen Streitigkeiten über Erbangelegenheiten nicht von den staatlichen Gerichten entschieden werden, sondern können auch einem Schiedsgericht vorgelegt werden.

Ein Verfahren vor einem Schiedsgericht kann auf einfachere – und kostengünstigere – Art und Weise als der Prozess vor der staatlichen Gerichtsbarkeit den Rechtsfrieden herbeiführen, ohne dass tiefgrei-

fende Streitigkeiten und Zerwürfnisse in Erbengemeinschaften hinein-
getragen werden, denn:

▶ Schiedsgerichte werden mit darauf spezialisierten Richtern besetzt, *Trotz*
die in relativ kurzer Zeit entweder eine Einigung herbeiführen oder *Schiedsgericht*
einen Schiedsspruch fällen können, der rechtsverbindlich ist und *kann anschließend*
auch über einen Gerichtsvollzieher vollstreckt werden kann; *vor Gericht geklagt*
*werden*
▶ Schiedsgerichtsverhandlungen sind grundsätzlich nicht öffentlich
und können im Einverständnis der Parteien an jedem beliebigen Ort
stattfinden;
▶ der Anwaltszwang entfällt;
▶ ein Schiedsgericht hat auch nur eine Instanz.

Der Erblasser kann dafür Sorge tragen, dass bei Streitigkeiten über sei- *Schiedsgerichts-*
nen letzten Willen die Schiedsordnung der Deutschen Schiedsgerichts- *vereinbarung*
barkeit für Erbstreitigkeiten e. V. (DSE) zur Anwendung kommt. Ihm
wird hierfür empfohlen, nachfolgende Schiedsvereinbarung in seine
Verfügung von Todes wegen (Testament oder Erbvertrag) mit aufzunehmen.

## Formulierungshilfe

*„Im Wege der Auflage verpflichte ich alle Erben, Vermächtnisnehmer und
Auflagenbegünstigten (für Streitigkeiten, die durch dieses Testament
oder diesen Erbvertrag hervorgerufen sind und ihren Grund in dem Erbfall
haben) sich unter Ausschluss der ordentlichen Gerichte dem Schiedsgericht der Deutschen Schiedsgerichtsbarkeit für Erbstreitigkeiten e. V.
(DSE) und der von dieser zugrunde gelegten jeweils aktuellen Schiedsordnung zu unterwerfen. Das Schiedsgericht sowie die anzuwendende Ver-
fahrensordnung sind von der Deutschen Schiedsgerichtsbarkeit für Erbstreitigkeiten e. V. (DSE); Hauptstr. 18, 74918 Angelbach/Heidelberg,
mit verbindlicher Wirkung zu bestimmen.*

*In Erweiterung von § 2194 BGB bestimme ich alle in der Verfügung von
Todes wegen Bedachten (Erben, Vermächtnisnehmer, Auflagenbegünstig-
te) sowie den Testamentsvollstrecker zu Vollziehungsberechtigten dieser
Auflage. "*

## Beispiel für ein vollständiges Testament

Einsetzung eines Sohnes zum Alleinerben, Versorgungsrente für die Witwe und Vermächtnisse für die übrigen Kinder, Testamentsvollstreckung (wichtig: vollständige handschriftliche Abfassung):

*Ich, Karl Berger, Kaufmann in ..., setze hiermit meinen Sohn Georg Berger, Geschäftsführer in ..., zu meinem alleinigen und ausschließlichen Erben ein. Meinen Alleinerben belaste ich mit folgenden Vermächtnissen:*

a) *Meine Witwe ... erhält eine lebenslängliche Versorgungsrente in Höhe von monatlich ... DM, jeweils am Ersten eines jeden Monats im voraus zahlbar. Die Leibrente erlischt nicht, wenn sich meine Witwe wieder verehelichen sollte. Sollte sich in Zukunft das Grundgehalt nebst Ortszuschlag eines ledigen Stadtinspektors der Stadt ... erhöhen oder vermindern, so erhöht oder vermindert sich die Leibrente von ... DM im gleichen Verhältnis.*

b) *Auf Verlangen meiner Witwe ist die Leibrente durch Eintrag einer Reallast an nächstoffener Rangstelle an meinem Einfamilienwohnhaus Haus Nr. ... an der ...straße in ... dinglich sicherzustellen. Die Kosten der Eintragung gehen zu Lasten meines Alleinerben.*

c) *Meine beiden Söhne Fritz und Richard Berger sowie meine Tochter Frieda, verehelichte Schneider, erhalten je ein Barvermächtnis in Höhe eines Achtels meines Reinnachlasses im Zeitpunkt meines Todes. Diese Barvermächtnisse sind von meinem Todestage an mit 8 % jährlich zu verzinsen und mit einer Kündigungsfrist von sechs Monaten beiderseits aufkündbar. Die Vermächtnisnehmer sind nicht berechtigt, die Barvermächtnisse in den ersten fünf Jahren nach meinem Tode zu kündigen.*

d) *Zum Testamentsvollstrecker bestimme ich Herrn Karl Meister, Steuerberater in ... Mein Testamentsvollstrecker hat Anspruch auf eine Testamentsvollstreckungs-Vergütung in Höhe von 3 % meines Bruttonachlasses. Sollte Herr Meister aus irgendeinem Grunde als Testamentsvollstrecker nicht in Frage kommen oder nachträglich wieder wegfallen, so soll das Nachlassgericht ersatzweise eine andere geeignete Person zum Testamentsvollstrecker ernennen.*

*Ludwigsburg, den ...*

*Karl Berger*

# Der Anspruch auf den Pflichtteil

Nach deutschem Recht kann jeder frei bestimmen, wer sein Erbe sein soll. Man kann also beispielsweise einen entfernten Verwandten oder auch einen beliebigen Dritten zu seinem Alleinerben einsetzen, selbst wenn man Ehefrau und Kinder hinterlässt. Setzen Sie ein solches Testament auf, hat der Gesetzgeber Ihnen allerdings durch das Pflichtteilsrecht Grenzen gesetzt. Im Klartext: Ihre nächsten Angehörigen

*Pflichtteils-*
*anspruch im*
*Testament*
*einkalkulieren*

▶ Ehepartner,
▶ Kinder und deren Abkömmlinge,
▶ Eltern

haben nach dem gesetzlichen Erbrecht einen so genannten Pflichtteilsanspruch. Zu den Kindern zählen auch nichteheliche (sofern nach dem 30.06.1949 geboren) und adoptierte Kinder, soweit sie erbberechtigt sind, sowie ein zur Zeit des Todes noch nicht geborenes, aber bereits gezeugtes Kind. Nicht pflichtteilsberechtigt hingegen sind entferntere Verwandte wie Geschwister, Onkel, Tante, Neffen und Nichten sowie der nichteheliche Lebensgefährte.

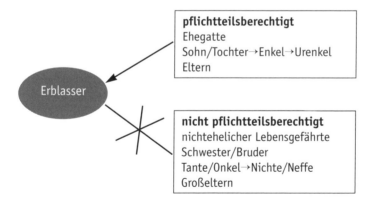

Das ist deshalb so geregelt, weil der Gesetzgeber meint, dass jeder – auch über den Tod hinaus – eine gewisse Sorgfaltspflicht für seine nächsten Angehörigen hat. Der Pflichtteilsanspruch gleicht somit Härten aus, die entstehen, wenn Sie als Erblasser Ihre nächsten Angehörigen – aus welchen Gründen auch immer – nicht als Erben im Testament berücksichtigt haben.

*Ausgleich von*
*Härten*

*Achtung: Der Pflichtteilsanspruch entspricht der Hälfte des Wertes des gesetzlichen Erbteils und ist im Erbfall sofort fällig. Das kann so manchen eingesetzten Erben in die Bredouille bringen.*

Ein Pflichtteilsberechtigter ist im Gegensatz zu einem Erben nicht unmittelbar am Nachlass beteiligt, sondern hat gegen den oder die Erben lediglich einen schuldrechtlichen Anspruch auf Auszahlung seines Pflichtteils – d. h. der Hälfte des Wertes seines gesetzlichen Erbteils. Ein Pflichtteilsanspruch besteht also, wenn der oder diejenige, der oder die den Anspruch geltend macht, durch Testament oder Erbvertrag von der gesetzlichen Erbfolge ausgeschlossen worden ist (§ 2303 BGB). Ob

*Maßgebend ist der Zeitpunkt des Erbfalls*

dabei der Erblasser ausdrücklich bestimmt: „Mein Sohn soll nicht Erbe werden" oder in seinem Testament den Sohn einfach auslässt und durch andere Namen ersetzt, spielt dabei keine Rolle. Der Sohn ist als Abkömmling des Vaters pflichtteilsberechtigt. Doch sein Pflichtteilsanspruch ist ein reiner Geldanspruch. Er entsteht mit dem Erbfall und verjährt in drei Jahren seit Kenntnis des Erbfalles und der beeinträchtigenden Verfügung.

Gleiches gilt, wenn Eheleute sich in einem gemeinschaftlichen Testament gegenseitig zu Erben einsetzen. Durch diese Regelung der Erbfolge sind die Kinder nach dem Tod des zuerst versterbenden Ehegatten von der gesetzlichen Erbfolge ausgeschlossen, sind also pflichtteilsberechtigt. Eine Geltendmachung des Pflichtteilsanspruchs als reiner Geldanspruch würde den überlebenden Ehegatten als Erben sofort belasten und seinen Finanzrahmen entsprechend schmälern. Wer die Sicherung des Ehepartners wünscht, sollte durch eine Pflichtteilsklausel der Geltendmachung, die er zwar nicht unterbinden kann, wenigstens gegensteuern (siehe gegenüberstehende Formulierungshilfe).

*Pflichtteilsentzug nur in wenigen Fällen möglich*

Einen Angehörigen völlig zu enterben, ihm also auch den Pflichtteil zu entziehen, ist nur in wenigen Fällen möglich (§§ 2333-2335 BGB). Zudem muss der Entziehungsgrund im Testament oder Erbvertrag genannt bzw. der Sachverhalt im Kern geschildert werden.

## Formulierungshilfe

A möchte nicht, dass die Kinder bei seinem Tod ihre Pflichtteile fordern. Erst nach dem Tod des länger lebenden Gatten sollen sie ihr Erbe antreten. Er formuliert:

*„Sollte eines unserer Kinder beim Tod des zuerst versterbenden Elternteils gegenüber dem überlebenden Elternteil seinen Pflichtteil fordern, soll jede zu seinen Gunsten getroffene Anordnung in diesem Testament unwirksam sein. In diesem Fall soll das betreffende Kind und seine Abkömmlinge auch beim Tod des letztversterbenden Elternteils nur den Pflichtteil bekommen."*

Oder: *„Macht eines unserer Kinder beim Tod des Erstversterbenden seinen Pflichtteil geltend, so sind es und seine Abkömmlinge auch beim Tod des Überlebenden auf den Pflichtteil gesetzt. Außerdem erhält in diesem Fall dasjenige Kind, das keine Pflichtteilsansprüche geltend macht, ein Vermächtnis in Höhe seines gesetzlichen Erbteils aus dem Nachlass des Erstversterbenden, auszahlbar beim Tod des Letztversterbenden. Erheben beide Kinder beim Tod des Erstversterbenden Pflichtteilsansprüche, so sind sie auch für den zweiten Erbfall auf den Pflichtteil beschränkt. Der Überlebende von uns kann in diesem Fall frei auch durch letztwillige Verfügung neu verfügen. Der Überlebende kann einseitig Vermächtnisse bis zu 10 % seines Reinvermögens im Augenblick seines Todes und eine Testamentsvollstreckung anordnen."*

*Wunsch nach „wasserdichter Regelung"*

Ein in einem Testament oder in einem Erbvertrag bedachter Erbe kann den Pflichtteilsanspruch im übrigen auch selbst dadurch herstellen, dass er die Erbschaft ausschlägt und dafür seinen Pflichtteil verlangt. Dies kann entweder insofern zum Vorteil des Erben werden, als er bestimmte Anordnungen und Einschränkungen, die der Erblasser gegen ihn verfügt hat, nicht gegen sich gelten lassen muss, des Weiteren weil er sofort zu Geld kommt und im Fall der Anordnung der Vor- und Nacherbfolge den Erbfall – also den Tod des zuletzt Versterbenden – nicht abwarten muss!

*Pflichtteil durch Ausschlagung der Erbschaft*

Für die Pflichtteilsberechnung sind grundsätzlich Bestand und Wert des Nachlasses zur Zeit des Erbfalles maßgebend. Der Pflichtteilsberechtigte kann die Befriedigung seines Anspruches nur aus dem schuldenfreien (!) Nachlass verlangen.

Erben sind nicht
verpflichtet, einen
Pflichtteils-
berechtigten auf
sein Recht und die
Höhe der Summe
aufmerksam zu
machen, die ihm
zusteht

## Ein Fall aus der Praxis

**Lotteriegewinn gehört nicht zum Erbe!**

*Eine Frau hatte einen Gewinnsparvertrag bei einer Bank abgeschlossen. Nach ihrem Tod trat die Alleinerbin in das Vertragsverhältnis ein. Diese kündigte den Vertrag jedoch nicht und erwarb erneut ein Los, auf das ein Gewinn von 10 000 Mark entfiel. Daraufhin meldete sich eine Verwandte der Verstorbenen, die bei der Erbschaft übergangen worden war und sich daher mit dem Pflichtteil zufrieden geben musste. Sie war der Ansicht, dass der Lotteriegewinn noch zur Erbschaft zähle und sich ihr Pflichtteil dementsprechend erhöhe.*

*Doch nach dem Urteil des Amtsgerichts Pirmasens braucht die Alleinerbin die Verwandte nicht an dem Lotteriegewinn zu beteiligen (Az. 1 C 26/98). Grund: Für die Berechnung des Pflichtteils ist der Stand des Vermögens am Todestag maßgeblich. Zu diesem Zeitpunkt hatte das Los aber noch nicht zum Erbe gehört und der Gewinnsparvertrag selbst besaß auch keinen eigenen Handelswert. Die Pflichtteilsberechtigte war des Weiteren weder an den Kosten für den Neukauf des Loses beteiligt worden noch stand ihr ein Anteil am Gewinn zu. Dies wäre nur dann in Betracht gekommen, wenn das Los noch zu Lebzeiten der Verstorbenen von dieser selbst erworben worden wäre.*

## Pflichtteilsergänzungsanspruch nach Schenkungen

Hat der Erblasser einem Dritten eine Schenkung gemacht, so kann der Pflichtteilsberechtigte als Ergänzung des Pflichtteils den Betrag verlangen, um den sich der Pflichtteil erhöhen würde, wenn der verschenkte Gegenstand dem Nachlass hinzugerechnet wird (§ 2325 BGB). Eine verbrauchte Sache kommt dabei mit dem Wert zum Ansatz, den sie zur Zeit der Schenkung hatte.

Die Schenkung bleibt unberücksichtigt, wenn zur Zeit des Erbfalles zehn Jahre (!) seit der Leistung des verschenkten Gegenstandes verstrichen sind.

Problematisch kann immer wieder sein, ob es sich bei der Zuwendung tatsächlich um eine Schenkung gehandelt hat, oder ob nicht eine Gegenleistung geflossen ist. Vergessen Sie nicht: Beim Erben hört der Spaß auf, hier werden die Beteiligten häufig bitterernst und streiten sich um Dinge, die Außenstehende oftmals als belanglos einstufen würden. Passen Sie also auf, wenn Dritte von Ihnen etwas unentgeltlich erhalten. Am besten schließen Sie einen unzweideutigen schriftlichen Vertrag, dem zu entnehmen ist, welche Leistungen dabei ausgetauscht werden.

## Ein Fall aus der Praxis

### Das geschenkte Hausgrundstück

*Ein 68 Jahre alter Mann erlitt einen schweren Schlaganfall und wurde pflegebedürftig. Ein Jahr später übertrug er seiner langjährigen Haushälterin für den Fall des Ablebens notariell ein Hausgrundstück. Das sollte der Dank dafür sein, dass sie sich nach dem Schicksalsschlag bereit erklärt hatte, ihn in seinem Haus zu versorgen.*

*Nach dem Tod des Mannes wollte der enterbte Sohn, dass als Ausgleich für das Grundstück wenigstens der ihm zustehende Pflichtteil aufgestockt werde. Eine solche Möglichkeit sieht das Gesetz unter bestimmten Voraussetzungen vor, wenn der Erblasser vor seinem Tod etwas verschenkt und so das Erbe schmälert. In dem gegen die Erbin geführten Rechtsstreit um die Pflichtteilsergänzung ging es deshalb darum, ob die Übertragung des Grundstücks an die Haushälterin eine Schenkung war.*

*Das Oberlandesgericht Oldenburg verneinte dies und wies die Klage ab (Az. 5 U 23/97). Denn entscheidend war nicht, dass der Notar den Vertrag als „Schenkung für den Todesfall" überschrieben hatte, sondern der Inhalt des Vertrages. Wenn jemand nämlich durch eine Zuwendung bereichert wird, liegt nicht schon automatisch eine Schenkung vor. Vielmehr müssten sich die Vertragspartner auch einig sein, dass dies unentgeltlich geschehe. Die Haushälterin hatte dem Pflegebedürftigen aber als Gegenleistung zugesagt, ihn zu versorgen.*

*Und in dem erwähnten Vertrag war der Wert des Grundbesitzes mit 80 000 Mark angegeben. Deshalb rechnete das Oberlandesgericht vor, dass selbst dann, wenn für die Pflegeleistungen nur monatlich 2500 Mark veranschlagt worden wären, der Wert des Hausgrundstücks schon nach fünf Jahren Pflege aufgezehrt wäre. Dass der Erblasser eine erkennbar geringere Lebenserwartung gehabt habe, war nicht anzunehmen. Vielmehr hatte er es sich etwas kosten lassen, in gewohnter Umgebung versorgt zu werden. Das wiederum steht jedem Menschen frei, auch wenn diese Entscheidung zum Nachteil der Familie ausfällt.*

*Werden Teile des Nachlasses an die Wunscherben verschenkt, hat der Pflichtteilsberechtigte einen Ergänzungsanspruch*

## Zusatzpflichtteil

*Wichtig: Folge des Erbverzichts ist der Ausschluss von der Erbfolge und i.d.R. auch vom Pflichtteilsrecht*

Durch den Pflichtteilsergänzungsanspruch soll ein Ausgleich dafür geschaffen werden, dass der Erblasser systematisch den Nachlass aushöhlt, um den Pflichtteilsanspruch der von der Erbfolge Ausgeschlossenen möglichst niedrig zu halten. Eine andere Strategie, das Erbe von Pflichtteilsberechtigten möglichst gering zu halten, ist die Zuwendung von Werten, welche die Höhe des Pflichtteilsanspruchs nicht erreichen. Wenn diese sich nicht die Mühe machen, den Nachlasswert festzustellen, um dann den Wert der Zuwendung und des Pflichtteils zu vergleichen, hat der Erblasser „gewonnen". Andernfalls wird der clevere pflichtteilsberechtigte Erbe die Differenz zwischen hinterlassenem Erbteil und wertmäßig zustehendem Pflichtteil gegenüber den Miterben geltend machen. Denn auf diesen Zusatzpflichtteil hat er nach dem Gesetz einen Anspruch (§ 2305 BGB).

## Kleiner und großer Pflichtteil bei Ehegatten

*Weder Ehebruch noch ein Getrenntleben rechtfertigen den Pflichtteilsentzug*

Leben Eheleute im gesetzlichen Güterstand der Zugewinngemeinschaft, so hat der überlebende Ehegatte gegenüber dem allgemeinen Erbrecht einen erhöhten gesetzlichen Erbteil um ein Viertel (siehe Seite 19, 147). Der Pflichtteil ist vom erhöhten gesetzlichen Erbteil zu berechnen, wenn der Ehegatte keinen Ausgleich des Zugewinns erhält. Man spricht dann vom so genannten großen Pflichtteil, der beispielsweise gegenüber Abkömmlingen ein Viertel beträgt. Der große Pflichtteil kommt aber nur dann zur Anwendung, wenn der Ehegatte zum Beispiel einen Ergänzungsanspruch hat, weil der ihm überlassene Erbteil geringer ist als sein Pflichtteil.

Wird der überlebende Ehegatte nicht Erbe und steht ihm auch kein Vermächtnis zu, so kann er den Ausgleich des Zugewinns nach bei der Ehescheidung geltenden Vorschriften verlangen. In diesem Fall ist der Pflichtteil vom normalen, also nicht nach dem um ein Viertel erhöhten gesetzlichen Erbteil zu berechnen. Dieser so genannte kleine Pflichtteil beträgt gegenüber Abkömmlingen ein Achtel. Je nachdem, wie hoch der Zugewinn in der Ehe im konkreten Einzelfall ausfällt, kann die erbrechtliche Lösung für den überlebenden Ehegatten vorteilhafter sein (oder auch nicht!).

> **Beispiel**
>
> *A hinterlässt seine Ehefrau B und zwei Kinder sowie ein Vermögen von 200 000 Mark. Er hat kein Testament und keinen Ehevertrag. Es gilt also gesetzliches Erbrecht mit Zugewinnausgleich. Die Witwe erhält ein Viertel als gesetzliche Erbin und ein weiteres Viertel als (pauschalen) Zugewinnausgleich, insgesamt also die Hälfte (100 000 Mark). Ihr kleiner Pflichtteil beträgt somit ein Achtel – die Hälfte des gesetzlichen Erbteils –, also 25 000 Mark, ihr großer Pflichtteil hingegen ein Viertel, also 50 000 Mark.*

Der überlebende Ehegatte hat aber immer die Möglichkeit, statt seines gesetzlichen Erbteils oder dessen, was der verstorbene Ehegatte ihm im Testament vermacht hat, den konkret errechneten Zugewinnausgleich zu fordern und daneben den niedrigeren kleinen Pflichtteil zu verlangen. Um dies zu entscheiden, muss der überlebende Ehegatte ausrechnen, wie hoch sein Zugewinn ist, und Vergleichsrechnungen anstellen.

*Konkret errechneter Zugewinnausgleich kann verlangt werden*

# Der letzte Wille –
# nicht nur materiell

## Vorsorge für ein Sterben in Würde

Eine Vorstellung vom Lebensende, die vielen zum Alptraum wird: Dahinzudämmern in geistiger und körperlicher Hilflosigkeit und nur noch mit technischer Hilfe künstlich am Leben gehalten zu werden. Immer mehr Menschen lehnen es jedoch ab, sich in einem solchen Zustand noch medizinischen Behandlungen auszusetzen, die zwar ihr Leben retten, aber auch das Leiden verlängern. Der Grund: Die Rechtsprechung legt dem Arzt die Pflicht auf, alles in seinen Kräften Stehende zu tun, um Gesundheit und Leben des Kranken zu fördern.

*Vollmacht für den Todesfall gilt nur bei Tod, nicht bei Handlungsunfähigkeit*

Ist das Grundleiden des Patienten nach ärztlicher Überzeugung jedoch endgültig und hat es einen tödlichen Verlauf angenommen, so erkennt die Rechtsprechung den Verzicht auf lebensverlängernde Maß-

*Bewusstlosigkeit bedeutet Geschäfts- und damit Handlungs- unfähigkeit*

nahmen an. Allerdings kommt es häufig vor, dass etwa ein bewusst- loser Betroffener seinen Willen nicht mehr äußern kann. Dann muss der Arzt versuchen, den gegenwärtigen mutmaßlichen Willen des Pa- tienten zu ergründen. Ausnahmsweise darf auf lebensverlängernde Maßnahmen verzichtet werden, wenn dies dem mutmaßlichen Patien- tenwillen entspricht, für den aber eindeutige Anhaltspunkte bestehen müssen.

### Das Patiententestament

In derartigen Fällen gewinnt das so genannte Patiententestament Bedeutung. Es kann – vor allem wenn der Zeitpunkt seiner Erstellung noch nicht lange zurückliegt – maßgebliche Anhaltspunkte dafür lie- fern, wie der Betroffene in der konkreten Situation entscheiden wür- de. Der Arzt muss diese Verfügung „mit Respekt beachten" – einge- halten werden muss sie jedoch nicht!

**Wichtig:** *Sie sollten stets einen Hinweis darauf bei sich tragen, wo die Verfügung hinterlegt ist – etwa bei einem Anwalt, beim Hausarzt oder bei der Deutschen Hos- piz Stiftung.*

Liegt ein solches Patiententestament vor, sollte vor jedem Krankenhausaufent- halt darauf hingewiesen werden. Das Gesetz bietet außerdem die Möglichkeit einer Betreuungsverfügung. Darin nennt der Patient dem Vormundschaftsgericht eine Vertrauensperson, die zu gegebener Zeit für ihn als dann nicht mehr urteilsfähiger Patient zum Betreuer bestellt wird und den Antrag auf vormundschaftliche Genehmigung des Behandlungsabbruchs stellt.

Aufgrund des Patiententestaments kann festgelegt werden, wie lange im Fall einer aussichtslosen Krankheit lebenserhaltende Maß- nahmen aufrechterhalten werden sollen. Es ist allerdings wichtig, dass

*Formale und inhaltliche Kriterien beachten*

solche Verfügungen bestimmten formalen und inhaltlichen Kriterien entsprechen. Von daher sollte Folgendes beachtet werden:
▶ Patiententestamente sollten stets handschriftlich verfasst sein,
▶ maschinengeschriebene Schriftstücke bedürfen der notariellen Beglaubigung,
▶ die Verfügungen müssen jedes Jahr neu geschrieben werden. Ach- tung: Eine Aktualisierung des Datums allein genügt nicht!

*Bevollmächtigten ernennen*

Da die konkrete Krankheitssituation kaum vorausgesehen werden kann, sollten Sie außerdem einen Bevollmächtigten ernennen, der Ärzte und Gerichte über den mutmaßlichen Willen des Todkranken informiert.

So könnte Ihre Verfügung beispielsweise formuliert sein, wenn Sie bei ungünstiger Prognose keine lebensverlängernden Maßnahmen wünschen (§ 1904 BGB, wenn gewünscht):

## Erklärung zur Krankenhausbehandlung

*Ort, Datum*

*Ich, ......... (Vor- und Zuname), geboren am ......... (Tag, Monat, Jahr), befinde mich im Vollbesitz meiner geistigen Kräfte.*

*Sollte ich infolge schwerer Erkrankung nicht mehr in der Lage sein, über Art und Umfang der ärztlichen Behandlung selbst zu bestimmen, erkläre ich bereits jetzt unwiderruflich, dass ich keinerlei sinnlose, lebensverlängernde Heilbehandlungen für meine Person wünsche, die meine Leiden nur verlängern würden.*

*Behandlungen, die keine Heilung mehr bringen können (Gleiches gilt für medizinische Versuche), sondern vielmehr mein Leben nur erhalten oder sogar verlängern, bitte ich abzubrechen bzw. zu unterlassen. Diese meine persönliche Entscheidung beruht auf der Tatsache, dass ich im Zustand eigener schwerer Krankheit auch nicht anders über Intensivmedizin entschieden hätte als in den gesunden Tagen.*

*Des Weiteren berufe ich mich auf den § 1904 im Sinne des Kemptener Urteils des Bundesgerichtshofes (BGH). Als Betreuer wird von mir eingesetzt: ......... (Name, Adresse). Dieser ist befugt, auch in riskante ärztliche Untersuchungen einzuwilligen (beispielsweise Operationen, Chemotherapie, Strahlendiagnostik, Vergabe von Medikamenten mit belastenden Nebenwirkungen). Die Entscheidung des Betreuers erfolgt durch ihn selbst, eine Genehmigung durch das Vormundschaftsgericht schließe ich ausdrücklich aus.*

*Dies ist mein ausdrücklicher letzter Wille.*

*Ort, Datum, Unterschrift (Vor- und Zuname)*

## Die Betreuungsverfügung

Diese Verfügung leitet sich aus § 1901 a BGB ab. Danach muss das Vormundschaftsgericht die benannte Person bestellen und bei schwerwiegenden Maßnahmen wie z. B. einem Behandlungsabbruch die notwendige Genehmigung erteilen.

## Betreuungsverfügung

*Dient auch zur Vorlage beim Vormundschaftsgericht*

*Ich*

**(Vollmachtgeber)** *Vor- und Zuname:* . . . . . . . . . . . . . . . . . . . . . . . . . . . . . . . . . . . . . . . . .

*geboren am:* . . . . . . . . . . . . . . . . . . . . . . . *in:* . . . . . . . . . . . . . . . . . . . . . . .

*wohnhaft in:* . . . . . . . . . . . . . . . . . . . . . . . . . . . . . . . . . . . . . . . . . . . . . . . . . . . . . . . .

*schlage für den Fall, dass für mich ein gesetzlicher Betreuer bestellt werden muss, gemäß § 1897 Abs. 4 BGB hierfür die folgende Person als Betreuer für alle erforderlichen Angelegenheiten vor:*

*Frau/Herrn* . . . . . . . . . . . . . . . . . . . . . . . *geb. am:* . . . . . . . . . . . . . . . . . . . . . .

*wohnhaft:* . . . . . . . . . . . . . . . . . . . . . . . *Telefon:* . . . . . . . . . . . . . . . . . . . . . . .

*Falls die vorbezeichnete Person nicht übernehmen will oder kann, schlage ich als Ersatzperson folgende Person vor:*

*Frau/Herrn* . . . . . . . . . . . . . . . . . . . . . . . *geb. am:* . . . . . . . . . . . . . . . . . . . . . .

*wohnhaft:* . . . . . . . . . . . . . . . . . . . . . . . *Telefon:* . . . . . . . . . . . . . . . . . . . . . . .

*Auf keinen Fall wünsche ich, dass die folgende Person zum Betreuer bestellt wird:*

*Frau/Herrn* . . . . . . . . . . . . . . . . . . . . . . . *geb. am:* . . . . . . . . . . . . . . . . . . . . . .

*wohnhaft:* . . . . . . . . . . . . . . . . . . . . . . . *Telefon:* . . . . . . . . . . . . . . . . . . . . . . .

*Die in meiner Patientenverfügung vom* . . . . . . . . . . . . . . . . . *geäußerten Wünsche sind von meinem Betreuer zu befolgen. Insbesondere obliegt es meinem Betreuer auch, die in meiner Patientenverfügung von mir niedergelegten Wünsche gegenüber Ärzten und Pflegepersonal, aber ggf. auch gegenüber dem Vormundschaftsgericht durchzusetzen. Diese Verfügung habe ich (Vollmachtgeber) freiwillig und im Vollbesitz meiner geistigen Kräfte verfasst.*

*Ich/Wir bestätige/n, dass Frau/Herr* . . . . . . . . . . . . . . . . . . . . . . . . . . . . . . . . . . . . . .

*diese Verfügung im Vollbesitz ihrer/seiner geistigen Kräfte verfasst hat und geschäftsfähig war.*

*Name:* . . . . . . . . . . . . . . . . . . . . . . . *Geburtsdatum:* . . . . . . . . . . . . . . . . . . . . . .

*Anschrift:* . . . . . . . . . . . . . . . . . . . . . . . . . . . . . . . . . . . . . . . . . . . . . . . . . . . . . . . . .

*Ort, Datum:* . . . . . . . . . . . . . . . . . . . . . . . . . . . . . . . . . . . . . . . . . . . . . . . . . . . . .

*Unterschrift Vollmachtgeber und Zeuge:* . . . . . . . . . . . . . . . . . . . . . . . . . . . . . . . . .

In der Betreuungsverfügung wird eine Person des eigenen Vertrauens benannt für den Fall, dass das Vormundschaftsgericht wegen eigener Entscheidungsunfähigkeit des Verfügenden einen Betreuer (früher Pfleger genannt) einsetzt.

Die schriftliche Form, nicht zwingend handschriftlich, ist erforderlich sowie die eigenhändige Unterschrift, die in Abständen von ca. zwei Jahren erneuert werden sollte, damit Außenstehende den zeitnahen Willen erkennen können. Ebenfalls sollte alle zwei Jahre ein Zeuge bestätigen, dass der Verfasser bei seiner Unterschrift im Vollbesitz seiner geistigen Kräfte war. Es ist aber ratsam, nicht die als Betreuer benannte Person als Zeugen zu nennen. Eine notarielle Bestätigung dieser Urkunde ist nicht erforderlich.

*Schriftstück alle zwei Jahre erneuern*

## Bestattungsvorsorge – Wertvolle Hilfe für Hinterbliebene

Jedes Jahr werden in Deutschland ungefähr 900 000 Menschen beerdigt, viele von ihnen könnten den Gedanken nicht ertragen, dass sich ihre Familie nicht um die Blumen auf dem Grab kümmern würde. Vor allem aber scheint eine lang gepflegte Tradition zu Ende zu gehen: Wer hier ruht, wer er war – und welche Verdienste er sich im Leben erworben hatte. Immer mehr verfügen in Ihrem Testament: „Ich will anonym beerdigt werden."

Mit der Geburt kommen wir dem Tod jeden Tag ein Stück näher und niemand weiß, wann es so weit ist. Doch wer vom Tod eines nahen Angehörigen überrascht wird, befindet sich in einem körperlichen und seelischen Ausnahmezustand, ist überfordert durch die Vielzahl der Entscheidungen, die in kürzester Zeit für den Verstorbenen getroffen werden müssen. Diese Entscheidungen sind vor allem zusätzlich mit der Verantwortung belastet, hoffentlich auch alles richtig im Sinne des Verstorbenen entschieden zu haben – eine Last für die Hinterbliebenen, an der sie schwer zu tragen haben. Zwar bereiten sich viele innerhalb ihres Lebens vor, indem sie eine Vorsorge für das Alter, d. h. eine Berufs-, Unfall und Lebensversicherung, abschließen.

*Angehörige sind vielfach überfordert*

Doch nur die wenigsten wissen oder tun es: Auch für den Todesfall lässt sich diese Vorsorge schon zu Lebzeiten treffen, z. B. über eine Vorausverfügung oder durch eine Bestattungsvorsorge bei einem Bestatter der eigenen Wahl, mit dem die Bestattung in allen Einzel-

*Vorsorge für den Todesfall*

*Die anonyme
Bestattung*

heiten besprochen und festgelegt werden kann, wie sie im Todesfall ausgeführt werden soll und welche Kosten dafür entstehen. Dennoch: immer mehr Menschen verzichten auf ihr eigenes Grab. Die Gründe hierfür sind unterschiedlich: um Kosten zu sparen, da bei einem anonymen Grab kein Stein notwendig ist; um den Hinterbliebenen die oft lästige und auch teure Grabpflege zu sparen; oder um Hinterbliebene zu strafen, die sich zu Lebzeiten nicht um den Verstorbenen gekümmert hatten und nun darüber Reue empfinden – doch vergeblich nach einem Grab suchen.

Bei einer anonymen Bestattung werden die Urnen – außerhalb der Öffnungszeiten des Friedhofes – auf gesonderten „Urnenfeldern" beigesetzt. Nur der Rasen deckt sie zu. Zwar ist der letzte Wille eines Menschen heilig, und niemand hat das Recht, ihn zu ignorieren. Dennoch bedenken die meisten Sterbenden nicht, was sie mit einem anonymen Begräbnis ihren Angehörigen antun. Man raubt den Hinterbliebenen nicht nur den Platz für ihre Trauer (Trauernde brauchen einen Ortsbezug!), auch am Totensonntag kommt es oftmals zu bedrückenden Szenen. Denn Verwandte oder Freunde wollen den Verstorbenen mit Kränzen und Blumen bedenken – wissen aber nicht, wo sie sie ablegen sollen. Dadurch werden Friedhöfe mehr zu seelenlosen Parklandschaften, sie erzählen keine Geschichten mehr.

*Schutz vor
finanziellen
Überraschungen*

Die Vorausverfügung oder Bestattungsvorsorge hingegen regelt nicht nur die Bestattung nach den eigenen Wünschen, sondern auch zu festgelegten Preisen und Preissteigerungen, sodass unliebsame, finanzielle Überraschungen zur Trauer ausgeschlossen sind. In die Vorausverfügung oder Bestattungsvorsorge lässt sich auch die zu Lebzeiten ausgesuchte Grabstätte sowie das Grabmal und die Grabpflege mit einbeziehen. Eine wertvolle Hilfe für alle Hinterbliebenen, zu wissen, alles im Sinne des Verstorbenen ausgeführt zu haben. Ansonsten setzen sich die Gesamtkosten einer Beerdigung aus mehreren Positionen zusammen. Hierunter fallen beispielsweise die Gebühren des Friedhofträgers, für die Nutzung der Leichenhalle sowie für das Öffnen und Schließen des Grabes, des Sarges oder der Urne. Die Durchschnittskosten für eine Erdbestattung liegen zwischen 8000 und 12 000 Mark, für Feuerbestattungen zwischen 6000 und 10 000 und für Seebestattungen zwischen 4000 und 6000 Mark.

*Nutzungszeit*

Man unterscheidet des Weiteren zwischen Reihengrab und Familien- oder Wahlgrab (Gruft). Die Nutzungszeit von Reihengräbern ist befristet, d. h. nach 25 bis 30 Jahren wird der Boden freigegeben und neu belegt. Wenn Gebeine noch vorhanden sind, kommen diese in Gebeinkisten und werden tief in der Erde vergraben. Bei Familien- oder Wahlgräbern kann das Nutzungsrecht verlängert und Verstorbene können nacheinander bestattet werden. Trotz aller Vorsorge sollte dennoch ein ganz wichtiger Punkt beachtet werden: Die Hinterbliebenen sollten nicht allzu sehr mit letzten Wünschen gebunden werden. Eine jede Verfügung sollte sich von daher in Maßen halten. Vor allem aber sollte der letzte Wille (die Bestattung betreffend) unbedingt zu Lebzeiten mit den Angehörigen besprochen werden.

*Bestattungs-
wünsche zu
Lebzeiten
besprechen*

## Bestattungsverfügung

*Ich, ... (Vor- und Zuname), geboren am ........., bestimme hiermit, dass für mich nach meinem Tod eine Feuer-/Erdbestattung durchgeführt wird.*

*Den Ort des Urnenplatzes sowie die Gestaltung und die Trauerfeier überlasse ich ........ (beispielsweise meiner Ehefrau). Alternativ: bestimme ich wie folgt: .........*

*Eine Widmung meines Leichnams für eine Anatomie lasse ich (alternativ: in keinem Falle) zu.*

*Ort, Datum, Unterschrift*

## Die Vollmacht für den Todesfall

Vom Tod eines Menschen bis zur Feststellung der Erben vergehen oft Wochen, in schwierigen Fällen Monate. Bis dahin ist der Erbe nicht ohne weiteres handlungsfähig. Not- und Eilmaßnahmen können nicht oder nur mit Schwierigkeiten vorgenommen werden. Die Bank verlangt eine ausreichende Legitimation (Todesbescheinigung genügt nicht!). Wertpapiere können nicht ge- oder verkauft werden. Im Haus kann eine dringende Reparatur notwendig werden, die wirtschaftlich richtig angepackt werden muss.

*Formulierungs-
hilfe für
Vorsorgevollmacht
siehe Seite 170 ff.*

*Postmortale*
*Vollmacht*

Auch wenn ein notarielles Testament beim Nachlassgericht hinterlegt sein sollte, verstreicht schon einige Zeit, bis dieses eröffnet und der Berechtigte zureichend ausgewiesen ist. Die wichtigste Funktion der postmortalen Vollmacht liegt somit in der Überbrückung dieses Zeitraums. Der Bevollmächtigte kann damit zunächst sogar gegen die Erben handeln. Der Erbe kann die Vollmacht aber widerrufen. Wenn Vollmachtnehmer und Erbe nicht identisch sind, ist diese Situation für den Erben nicht ohne Gefahr, denn der Vollmachtnehmer ist gegenüber Dritten sofort handlungsfähig.

Der Vollmachtnehmer ist den Erben gegenüber rechenschaftspflichtig. Er muss über alle aufgrund der Vollmacht vorgenommenen Handlungen informieren. Die Mittel, die er aufgrund dieser Handlungen erlangt, muss er an die Erben vollständig herausgeben. Aufwendungen müssen ihm ersetzt werden. Wenn Sie vermeiden wollen, dass der Vollmachtnehmer schon zu Ihren Lebzeiten von der Vollmacht Gebrauch macht, nehmen Sie in die Vollmachtsurkunde auf, dass die Bevollmächtigung erst mit Ihrem Tode wirksam wird.

Das ist dann eine postmortale Vollmacht im engeren Sinne. Eine solche Einschränkung der Befugnisse des Bevollmächtigten sollten Sie sich aber gründlich überlegen. Bei langem Leiden, Geschäftsunfähigkeit oder schwerer Krankheit ist der Vollmachtgeber handlungsunfähig. Vielleicht soll aber gerade auch in einer solchen Krise die Vollmacht gelten, um notwendige Maßnahmen treffen zu können. Wichtig: Auch wer Generalvollmacht erteilt hat, kann, darf bzw. muss sich um seine eigenen Geschäfte kümmern. Die Erteilung einer Vollmacht allein kann nie dazu führen, dass der Vollmachtgeber nicht mehr in seinen eigenen Angelegenheiten tätig sein darf (§ 137 Satz 2 BGB)!

*Spezial-Vollmacht*

Im Gegensatz zur Generalvollmacht steht die Spezialvollmacht. Sie ist auf ein oder mehrere Aufgabengebiete beschränkt. Sie können z. B. Ihren Sohn bevollmächtigen, sich um Ihr Mietshaus zu kümmern. Oder Sie können jemand bevollmächtigen, Ihr Auto zu verkaufen und abzumelden. Wichtig ist, dass die Vollmacht eindeutig formuliert ist, sonst verfehlt sie ihren Zweck.

# Clevere Nachlass-Strategien

*Wer dem Fiskus ein Schnippchen schlagen und seine Begehrlichkeit bremsen will, muss sich bereits frühzeitig überlegen, wie er dabei am besten vorgeht. Schenken oder vererben? Welche Fallen gibt es und wie kann man sie am besten umgehen? Dieses Kapitel gibt für verschiedene Konstellationen handfeste Tipps und Anregungen für die eigene Fantasie.*

## Lachende Erben

Haben Sie schon an Ihren letzten Willen gedacht? Wenn nicht, dann wird es höchste Zeit. Zugegeben, diese Ermahnung ist nicht in jedem Falle eine Ermunterung – aber sie muss sein. Denn tatsächlich bringen es nur gut zwanzig Prozent der Deutschen übers Herz, ihren letzten Willen rechtzeitig zu Papier zu bringen. Die große Mehrheit hingegen scheint der Illusion anzuhängen, dass sie ewig lebe. Jedenfalls scheuen sich fast achtzig Prozent, an den Tag X zu denken und ihre Hinterlassenschaft zu Lebzeiten in Ordnung zu bringen – nicht selten zum großen Ärger und Verdruss der Erben, die das Vermächtnis ausbaden müssen: zur Freude des Finanzamts.

*Unterlassungs-*
*sünden kommen*
*teuer zu stehen*

Es mag zwar nicht jedem gehen wie der Fürstin von Thurn und Taxis, die nach dem Tod ihres superreichen Mannes eine Unmenge Gold und Geschmeide verkaufen musste, um die Erbschaftsteuer begleichen zu können. Aber Unterlassungssünden bei der Abfassung von Testamenten kommen fast immer teuer zu stehen, während sich bei umsichtiger Nachlass-Strategie viele Konflikte ausschalten lassen. Obendrein lässt sich eine Menge Geld und Gut auf legalem Wege am Fiskus vorbeisteuern und dorthin kanalisieren, wo man glaubt, dass es Freude beschere.

Sich kompetent beraten zu lassen (bei Notaren, Rechtsanwälten, Banken und der Deutschen Gesellschaft für Erbrechtskunde) empfiehlt sich in jedem Fall. Denn die erschreckende Tatsache, dass nur zwanzig Prozent ihr Testament machen, wird durch die geradezu erschütternde Feststellung verschärft, dass nur drei Prozent ein „wasserdichtes" Testament zustande bringen.

Manche kennen noch nicht einmal die elementaren Grundregeln des Erbschaft- und Schenkungsteuergesetzes, auch nicht die zwingende Vorschrift zur handschriftlichen Abfassung des Testaments. Warum? Weil es offenkundig eine natürliche Sperre gibt, in Ruhe und ohne emotionale Erregung über das eigene „Vermächtnis" zu sprechen. Um

*Entschärfen Sie*
*Konflikte*

so nachdrücklicher muss an die Regel erinnert werden, dass Konflikte, die nicht rechtzeitig entschärft worden sind, hinterher mit desto größerer Sicherheit auftauchen. So kann Gütertrennung vor allem für Firmeninhaber geboten sein, die entweder die Ehefrau nicht mit dem Unternehmerrisiko belasten oder das eigene Lebenswerk sichern wollen; und zwar so, dass es in die Hände eines dafür geeigneten Nachfolgers gelangt und nicht auf dem Wege der Erbteilung zerstört wird.

Hier empfiehlt sich also eine schrittweise Vermögensübertragung zu Lebzeiten, die obendrein die Chance bietet, den Nachfolger rechtzeitig in die Verantwortung einzubinden. Mancher Familienbetrieb ist durch Säumigkeit in die Binsen gegangen – während rechtzeitige Schenkungen dank der Freibeträge nicht nur die Steuerlast erheblich mildern, sondern dem Erblasser auch noch einen sorgenfreien Lebensabend verschaffen können.

*Schrittweise Vermögensübertragung zu Lebzeiten*

Wo immer man sich an das Problemfeld Erben herantastet, es steckt voller Tücken. Manchmal sorgen höchst simple Versäumnisse für eine Katastrophe. Ist etwa die Ehefrau nicht im Grundbuch eingetragen, können Heim und Herd einer Erbengemeinschaft in die Hände fallen, mit der Folge, dass die vermeintliche Besitzerin hinausgedrängt, hinausgeklagt oder mit der Schwiegermutter als Mitbewohnerin beglückt wird. Besonders behutsam müssen nichteheliche Lebensgemeinschaften zu Werke gehen. Denn ohne Erbvertrag genießen sie so gut wie keinen rechtlichen Schutz, sodass die „gesetzlichen Erben" zur bösen Überraschung des Partners gleichsam aus dem Hinterhalt in Erscheinung treten können. Doch selbst wenn das Erbe geregelt wurde, müssen sie mit einer höheren Erbschaftsteuer rechnen als Verheiratete.

*Problemfeld Erben: kein Erbvertrag, kein rechtlicher Schutz*

Zahlen müssen aber letztendlich immer die Erben. Jeden Fehler, den Verwandte beim Abfassen des Testaments oder beim Vertrag über eine Schenkung gemacht haben, bestraft der Staat mit einer gesalzenen Steuerrechnung. Um solche Fehler zu vermeiden, sollte sich die ältere Generation schon zu Lebzeiten von ihrem Vermögen trennen. Dies gilt vor allem dann, wenn die Erbfolge ohnehin feststeht. Steuerfüchse nutzen zum Beispiel möglichst früh geschickt die Zeit. Alle zehn Jahre gelten die Freibeträge neu. Und ohne dass der Fiskus auch nur einen Pfennig kassiert, kann innerhalb dieser Grenzen ohne Risiko für den Schenker viel Vermögen übertragen werden.

*Jeder Fehler wird bestraft*

Die ältere Generation kann von den Jungen mit guten Argumenten für die vorweggenommene Erbfolge begeistert werden: Verantwortungsbewusste Zeitgenossen überlassen es nämlich nicht den komplizierten, manchmal unberechenbaren Paragrafen des Erbrechts oder gar dem Zufall, wie ihr Vermögen später verteilt wird. Schließlich geht es um die Zukunft der gesamten Familie. Geschickte Regelungen schützen vor allem die Ehefrauen. Das ist auch nötig, denn rund 70 Prozent aller verheirateten Ehefrauen überleben ihre Ehemänner. 35 Prozent von ihnen haben sich ein Leben lang in erster Linie um Haushalt und

Kinder gekümmert. Sie konnten sich deshalb finanziell nicht absichern und sind auf klare Erbschaftsverhältnisse angewiesen.

*Oft ein Fall für die Justiz*

Die sind auch möglich, wenn das Vermögen zu Lebzeiten verschenkt wird. Durch einen umfassenden Nießbrauch bleibt unter anderem das Wohnrecht bis zum Lebensende unangetastet. Eine ausreichende Versorgung ist ebenfalls garantiert. Dennoch: Immer noch wird der letzte Wille in den meisten Fällen verwässert – zur Freude von Erbschleichern und Finanzamt. Dann beginnt die Arbeit der Justiz, und jede sechste Hinterlassenschaft endet vor Gericht: Das Tabuthema der Familie wird zum Gegenstand öffentlichen Interesses.

# Das Vererben ohne Testament

## Der Erblasser und die Lebensversicherung

*Verfügungen über Lebensversicherungen per Testament*

Schon vor dem ersten Beitrag kann jeder, der eine Lebens- oder Unfallversicherung abschließt, frei bestimmen, wer im Falle seines Todes das Geld von der Versicherung bekommen soll. Er kann bedenken, wen er will, und er darf ein solches Bezugsrecht auch jederzeit durch einen einfachen Brief wieder ändern. Außerdem können individuelle Vereinbarungen jedem Antrag hinzugesetzt werden. Daneben steht jedem Versicherten frei, seine Gesellschaft schriftlich zu verständigen, wie im Falle seines Todes verteilt werden soll.

---

### Formulierungshilfe

**Verheiratete ohne Kinder:**

*„Mein Ehegatte, der zum Zeitpunkt meines Todes mit mir in gültiger Ehe lebt"*

**Der Familienvater:**

*„Mein Ehegatte, der zum Zeitpunkt meines Todes mit mir in gültiger Ehe lebt"*

Oder: *„Mein Ehegatte, der zum Zeitpunkt meines Todes mit mir in gültiger Ehe lebt, gemeinsam mit den Kindern zu gleichen Teilen"* oder *„Mein*

Ehegatte, der zum Zeitpunkt meines Todes mit mir in gültiger Ehe lebt; meine Kinder zur anderen Hälfte zu gleichen Teilen"

Zusatz: „Das Bezugsrecht eines Kindes entfällt, wenn dieses zum Zeitpunkt meines Todes das ... Lebensjahr erreicht hat."

**Der Junggeselle ohne Anhang:**

„Meine Eltern"

Oder: „Mein Vater, meine Mutter"

Zusatz: „Im Falle meiner Verheiratung: Der zum Zeitpunkt meines Todes mit mir in gültiger Ehe lebende Ehegatte"

**Alleinstehender mit Kindern:**

„Meine Kinder zu gleichen Teilen"

Oder: „Meine Kinder mit folgenden Quoten: ..."

**Ein Paar ohne Trauschein:**

„Mein/e Lebensgefährte/in: Name, Vorname, Geburtsdatum" (ganz wichtig!)

Vermeiden Sie grundsätzlich Formulierungsversuche wie z. B. „Meine Ehefrau", „Meine Frau" oder gar „Meine Frau Maria, geborene Kunze". Denn geht die Ehe in die Brüche, bewirkt die Scheidung keinesfalls automatisch, dass damit auch das Bezugsrecht der Ex-Gattin erlischt. Vermeiden Sie zudem als Bezugsrecht die Formulierungen „Meine gesetzlichen Erben" oder „Meine testamentarischen Erben".

*Bezugsrecht erlischt nicht durch Scheidung*

Wollen Sie, dass das Geld von der Versicherung so verteilt wird, wie es die gesetzliche Erbfolge oder Ihr Testament vorsieht bzw. wie Sie es in Ihrem Testament bestimmt haben, können Sie auch „Meine Erben" als Bezugsberechtigte bestimmen. Diese erhalten das Geld zwar auch ohnehin, wenn Sie keine Bezugsverfügung treffen. Die Leistung fällt dann aber in den Nachlass, haftet also voll für Nachlassverbindlichkeiten.

Juristisch handelt es sich meist um eine Schenkung, die im Falle des Todes wirksam wird. Jeder kann bedenken, wen er will, er ist frei in seiner Entscheidung. Eine Anfechtung wegen Sittenwidrigkeit ist nur in Ausnahmefällen möglich. Das ist anders als im Erbrecht. Denn

*Bezugsrecht bedeutet Wegfall bestimmter Pflichtteilsrechte*

wer ein Testament macht, muss bedenken, dass dem Ehegatten und den Kindern bestimmte Pflichtteilsrechte zustehen, bei Alleinstehenden und kinderlosen Ehepaaren auch den Eltern! Wer hingegen das Bezugsrecht in seinen Versicherungspolicen festlegt, braucht weder pflichtteilsberechtigte Erbquoten noch Pflichtteilsrechte zu beachten.

*Anspruch auf Ergänzung des Pflichtteils*

Allerdings können pflichtteilsberechtigte Erben einen Ergänzungsanspruch (siehe Seite 66) geltend machen. Ihr Pflichtteil ist dann so zu berechnen, als würde der verschenkte Betrag dem Nachlass zugerechnet. Die Rechtsprechung geht allerdings dahin, nur die in den letzten 10 Jahren gezahlten Prämien als Gegenstand der Schenkung anzusetzen, aber nicht die bei Tod ausgezahlte Summe. Ein solcher Anspruch auf Ergänzung des Pflichtteils richtet sich daher immer gegen den Erben oder, wenn kein Nachlass vorhanden ist, gegen den in der Police benannten Begünstigten.

*Schnelle Verfügbarkeit über den Nachlass*

Erben müssen oft Wochen, manchmal sogar Monate warten, ehe sie über den Nachlass verfügen können. Nicht so bei Leistungen aus Lebens- oder Unfallversicherungen. Vorausgesetzt natürlich, der Versicherte hat gegenüber der Gesellschaft zweifelsfrei bestimmt, wer im Falle seines Todes das Geld bekommen soll. Sobald die Bezugsberechtigten die Police, die letzte Beitragsquittung, Geburts- und Sterbeurkunde des Versicherten sowie eine spezielle ärztliche Bescheinigung eingereicht haben, können sie binnen zwei bis drei Wochen mit dem Eingang auf ihrem Konto rechnen.

*Hinterlegung wegen Gläubigerungewissheit*

Doch selbst wenn die Verfügung zum Bezugsrecht unklar sein sollte oder es Streit gibt, zahlt die Versicherung prompt: allerdings auf ein Konto bei Gericht. Dort muss dann der Verteilungskampf entschieden werden. Die Versicherungsgesellschaft hält sich aus jedem Streit heraus. Droht die Versicherung eine solche Hinterlegung wegen Gläubigerungewissheit an, können die Betroffenen sich zumindest einigen, dass das Geld auf ein Bankkonto geht und dort zinsgünstig angelegt werden kann. Denn eine Hinterlegung bei Gericht bringt keine Zinsen!

Stirbt ein Versicherter in den ersten drei Jahren nach Vertragsabschluss, recherchiert die Assekuranz bei den Ärzten. Diese sind zur Auskunft verpflichtet, weil jeder neue Versicherte bereits im Antrag seine Ärzte von der Schweigepflicht entbinden muss. Stellt die Versicherung fest, dass sie beschwindelt worden ist, kann sie vom Vertrag zurücktreten. Die Begünstigten bekommen dann nur den anfangs minimalen Rückkaufswert. Auch im Falle eines Selbstmords binnen der ersten drei Jahre gibt es kein Geld. Es sei denn, die Hinterbliebenen

weisen nach, dass „die Tat in einem die freie Willensbestimmung aus-
schließenden Zustand krankhafter Störung der Geistestätigkeit" began-
gen worden ist. Bevor Versicherungssummen ausgezahlt werden, wird
das Finanzamt unterrichtet.

Zuweilen gibt es auch Streit, wenn Leistungen wegen Unfalltod zu *Leistungen wegen*
zahlen sind. Die Assekuranz prüft nämlich hier sehr genau, wenn etwa *Unfalltod*
ein Ski- oder Autofahrer auf unerklärliche Weise tödlich verunglückt
ist. Zweifel können auftauchen, ob der Versicherte durch das Unglück
gestorben ist oder ob er infolge eines Herzschlages schon vor dem
Unfall tot war. Auch bei einem alkoholbedingten tödlichen Unfall zahlt
der Versicherer die Unfallsumme nicht.

## Freie Entscheidung beim Bezugsrecht

Das Bezugsrecht kann bereits im Versicherungsantrag, also bevor über- *Begünstigter*
haupt der erste Beitrag zu zahlen ist, bestimmt werden. Es darf jeder- *braucht nicht*
zeit während der Laufzeit des Vertrages geändert werden. Voraus- *zuzustimmen*
setzung ist, dass solche Mitteilungen bei der Gesellschaft noch zu Lebzeiten ihres Kunden eingehen. Änderungen der Begünstigten
bestätigen die meisten Versicherer ihren Kunden schriftlich. Geschieht
dies nicht, sollte um eine solche Mitteilung gebeten werden. Wer nicht
mehr weiß, wen er eingesetzt hat, erhält auf Anfrage jederzeit Auskunft. In jedem Fall ist die Bestimmung der Versicherten über das
Bezugsrecht eine einseitige Verfügung. Der Begünstigte braucht dabei
nicht zuzustimmen, er wird von der Versicherungsgesellschaft auch
nicht benachrichtigt. Sollte ein Angehöriger neugierig sein, ob er in
einer Police bedacht ist, fragt er vergeblich bei der Versicherung an.

## Die unwiderrufliche Verfügung

In aller Regel legen Versicherte das Bezugsrecht widerruflich fest. Sie
können aber auch eine unwiderrufliche Bestimmung treffen. Daran
sind sie dann gebunden. Nur mit Zustimmung des Begünstigten ist *Änderung nur mit*
eine Änderung noch möglich. Für eine solche Bindung gibt es manch- *Zustimmung des*
mal gute Gründe: So weiß jeder Kaufmann, Gewerbetreibende, Unter- *Begünstigten*
nehmer oder Selbstständige, dass seine Gläubiger den in einer Lebens- *möglich*
versicherung steckenden Rückkaufswert pfänden können, wenn er seine persönlichen Verpflichtungen nicht mehr zu erfüllen vermag. Sind
die Rechte hingegen unwiderruflich und nicht erst innerhalb der rechtlichen Anfechtungsfrist abgetreten, kommen die Gläubiger nicht an
den Vertrag heran.

*Sicherung von*
*Ansprüchen*

Bei Scheidung fordert meist der Anwalt des unterhaltsberechtigten Ehegatten für diesen ein unwiderrufliches Bezugsrecht, wenn Policen zur Sicherung von Ansprüchen dienen. Damit kann der Verpflichtete nicht mehr hinter dem Rücken des Exgatten eine andere Verfügung treffen. Auch Paare ohne Trauschein, die sich in ihren Versicherungsverträgen als Begünstigte wechselseitig einsetzen, legen sich häufig unwiderruflich fest – für alle Fälle. Sollte der Versicherte dann auf die Idee kommen, die Policen zu kündigen, wird der Rückkaufswert nicht an ihn, sondern an den unwiderruflichen Bezugsberechtigten gezahlt.

Falls dieser vorher stirbt, gehen alle Rechte auf dessen Erben über, wenn die Vererblichkeit nicht ausdrücklich durch eine entsprechende Erklärung gegenüber der Versicherungsgesellschaft ausgeschlossen wird. Bei einem widerruflichen Bezugsrecht ist es umgekehrt. Stirbt ein Begünstigter zuvor, treten nicht etwa dessen Erben an seine Stelle. Dazu wäre eine spezielle Verfügung nötig.

*Erbschaft-/*
*Schenkungsteuer-*
*pflicht*

Die Zuwendung einer Versicherungssumme ist allerdings erbschaft- und schenkungsteuerpflichtig, auch wenn sie nicht in den Nachlass des Versicherungsnehmers fällt, sondern nach dem Versicherungsvertrag dem darin genannten Bezugsberechtigten zusteht (§ 3 Abs. 1 Nr. 4 ErbStG). Die Steuer bemisst sich ohne Rücksicht auf die Höhe der bereits eingezahlten Prämien immer nach der Versicherungssumme. Erbschaftsteuerpflicht entfällt, soweit der bezugsberechtigte Dritte vereinbarungsgemäß die Versicherungsprämie selbst bezahlt hat.

## Die Lebensversicherung als zusätzliche Kreditsicherheit

Banken, Bausparkassen und andere Kreditgeber verlangen oft von einem Schuldner, dass dieser sein Leben versichert oder eine bereits vorhandene Police als Zusatzsicherheit stellt. Hierbei lassen sich die Geldgeber jedoch nicht etwa als Bezugsberechtigte einsetzen, sie verlangen vielmehr die Abtretung der Police und teilen dies der Versicherung auch mit. Die Assekuranz zahlt dann im Falle eines Falles an die Bank oder die Bausparkasse. Bleibt Geld übrig, weil der Kredit schon weitgehend getilgt ist, entsteht die Frage, wer es bekommt.

*Abtretung*
*bedeutet Widerruf*
*des Bezugsrechts*

Denn mit einer Abtretung kann ein vorher verfügtes Bezugsrecht als endgültig widerrufen gelten, auch wenn dies gar nicht gewollt ist. Um keinen Zweifel aufkommen zu lassen, sollte gegenüber der Versicherung bestimmt werden, dass das Bezugsrecht nur insoweit als aufgehoben gilt, als es den Rechten des Abtretungsgläubigers entgegen steht. Dies bedeutet: Wird eine Versicherungsleistung während der

Abtretung fällig, bekommt zunächst der Abtretungsgläubiger sein
Geld. Bleibt noch etwas übrig, sind die Bezugsberechtigten an der Reihe. Hat sich die Abtretung erledigt, haben die Bezugsberechtigten    *Eingeschränkter*
wieder ihre vollen Rechte. Meist sehen Banken und Bausparkassen in    *Widerruf*
ihren Abtretungsformularen einen solchen eingeschränkten Widerruf
bereits vor.

## Die testamentarische Verfügung und das Bezugsrecht

Nach dem Gesetz kann jeder auch in seinem Testament bestimmen,
wer das Geld von der Versicherung bekommen soll. Die Sache hat freilich einen Haken. Nach der Rechtsprechung sind solche testamentarischen Verfügungen unwirksam geworden. Das Geld von der Assekuranz
bekommt also, wer zum Zeitpunkt des Todes dem Versicherer als
Bezugsperson benannt war – und nicht etwa ein anderer, der durch
Testament eingesetzt wurde. Diese Regelung mag zwar unverständlich
erscheinen, sie macht aber Sinn im Interesse der Rechtssicherheit.
Sonst würde die Assekuranz nicht prompt zahlen, sondern erst einmal
abwarten, ob nicht nach dem Testament ein anderer Ansprüche stellen
kann. Freilich kann der Kunde seiner Versicherung mitteilen, dass er
das Bezugsrecht durch Testament geregelt und die Gesellschaft sich an
diese Anweisungen zu halten hat!

Widerruft der Versicherungsnehmer das Bezugsrecht aus einer von    *Widerruf wird*
ihm abgeschlossenen Lebensversicherung durch Testament und zeigt    *nicht wirksam*
er dies dem Versicherer nicht an, dann wird der Widerruf nicht wirksam
(BGH, Az. IV a ZR 291/80). Weiter gilt: Mit einem unwiderruflichen
Bezugsrecht gehört das Recht auf Versicherungsleistung zum Vermögen des Begünstigten und nicht mehr zum Vermögen des Versicherungsnehmers. Dessen Gläubiger können auf den Wert aus dem Vertrag
nicht mehr zugreifen. Ein zur Auszahlung gelangender Rückkaufswert
steht dem unwiderruflich Begünstigten zu (BGH, Az. II ZR 286/63).

## Unterschiedliche Quoten

Das Erbrecht bestimmt bei gesetzlicher Erbfolge, wer welchen Teil vom    *Anteile sollten*
Nachlass bekommt. Wer indes ein Testament macht oder das Bezugs-    *festgelegt werden*
recht für seine Versicherungen festlegt, sollte angeben, wer welchen
Anteil erhalten soll, falls er mehrere bedenken will. Denn fehlt eine
solche Anweisung beim Bezugsrecht, wird die Versicherung an alle
Begünstigten den gleichen Anteil zahlen. Das Bezugsrecht lässt sich
überdies für eine bestimmte Zeit befristen. So kann ein Familienvater

*Befristung des
Bezugsrechts*

neben der Ehefrau seine Kinder begünstigen wollen, solange sie klein sind, nicht aber mehr, wenn sie auf eigenen Füßen stehen. Dies lässt sich erreichen, indem das Bezugsrecht für ein Kind nur bis zu einem bestimmten Alter (etwa dem 21. oder 27. Lebensjahr) gelten soll.

### Die Ex-Frau als Bezugsberechtigte

Die Bezugsberechtigung für den namentlich oder auch nicht namentlich genannten Ehegatten erlischt mit der Scheidung nicht automatisch. Aus Gründen der Rechtssicherheit muss daran festgehalten werden, entschied der Bundesgerichtshof. Der Versicherer kann an den begünstigten Ehegatten auszahlen. Würden die Gesellschaften in Auslegungsverfahren hineingezogen, dann stünde das einer schnellen und reibungslosen Abwicklung der in ihrer Mehrzahl unproblematischen

*Ex-Gatte bedarf
eines
Rechtsgrundes*

Fälle im Wege. Jedoch bedarf der bezugsberechtigte Ex-Gatte im Verhältnis zu dem Versicherten eines Rechtsgrundes, um die Versicherungssumme behalten zu dürfen. Zu berücksichtigen ist, dass im Scheitern der Ehe ein Wegfall der Geschäftsgrundlage liegen kann. Herausgabe können die Erben verlangen (BGH, Az. IV a ZR 26/86).

### Zahlung in den Nachlass

Bei einer Insassenunfallversicherung für ein Fahrzeug ist eine Bezugsberechtigung zu Lebzeiten nicht möglich. Erst nach einem Unfall steht fest, wer Versicherter gewesen ist. Weil eine Bezugsrechtsverfügung

*Fehlende
Bezugsrechts-
verfügung*

fehlt, fällt die Leistung in den Nachlass; das Geld haftet also für die Nachlassschulden mit. Die Sicherheit des Rechtsverkehrs lässt es nämlich nicht zu, den Erben auf Grund von Billigkeitserwägungen oder im Hinblick auf den wirtschaftlichen Zweck der Versicherung dieselbe Rechtsstellung einzuräumen, als wären sie Bezugsberechtigte gewesen (BGH, Az. II ZR 136/58).

## Wertpapiere und Bankguthaben

Nicht immer ist gewollt, dass nur die gesetzlichen oder durch Testament bestimmten Erben im Todesfall begünstigt werden. Denn beim Tod fallen alle bei der Bank verbuchten Vermögenswerte in den Nachlass. Zwar könnte im Testament bestimmt werden, wer davon etwas

*Verträge
zugunsten Dritter*

bekommen soll. Eleganter dagegen ist ein Vertrag zugunsten Dritter mit dem Ziel, außerhalb des Erbgangs zu verfügen. Dies bedeutet Folgendes: Der Bankkunde kann für seine Konten, Sparbücher, Wertpapiere oder Depots einen Vertrag zugunsten Dritter abschließen.

Hierbei behält er all seine Rechte – räumt jedoch unter bestimmten Voraussetzungen einem anderen, dem sogenannten Dritten, die Verfügungsgewalt ein. Dabei sind zwei Varianten üblich: Das Konto, Depot oder Sparguthaben soll zu einem bestimmten Termin, etwa der Volljährigkeit, auf den Begünstigten übergehen. Beim häufiger angewendeten Fall gilt die Begünstigung erst dann, wenn der Kontoinhaber stirbt. Im juristischen Sinne handelt es sich hierbei um eine Schenkung, die aber erst später wirksam wird. Bis zu diesem Zeitpunkt bleibt der Geber selbst uneingeschränkter Inhaber des Kontos. Er kann sogar disponieren, dass gar nichts mehr auf dem Konto ist, wenn die Schenkung wirksam wird.

*Einräumung der Verfügungsgewalt*

In den formularmäßigen Bankverträgen zugunsten Dritter werden der oder die Begünstigten benannt, wobei der Kunde bestimmt, ob diese die Rechte aus dem Konto erst bei seinem Tod oder schon zu einem früheren Zeitpunkt erwerben sollen. Bei Schenkungen für den Fall des Todes besteht Wahlfreiheit unter drei Varianten (siehe Formulierungshilfe im Kasten).

*Wahlfreiheit*

## Formulierungshilfe

*„Die Vereinbarung wird in Gegenwart des Begünstigten geschlossen, der die Zuwendung hiermit annimmt."*

Oder: *„Ich verzichte auf mein Recht zum Widerruf dieses Schenkungsangebots und erteile der Bank unwiderruflich den Auftrag, dieses Angebot nach meinem Ableben dem Begünstigten zu übermitteln. An diesen Widerrufsverzicht sind auch meine Erben als meine Rechtsnachfolger gebunden."*

Oder: *„Ich erteile der Bank den Auftrag, dieses Angebot nach meinem Ableben dem oder den Begünstigten zu übermitteln."*

Solche Vermögensübertragungen haben, wenn sie für den Fall des Todes vereinbart sind, das Ziel, einem Dritten außerhalb des Erbgangs

*Zuwendungen
außerhalb des
Erbgangs*

*Jederzeitige
Disposition
möglich*

etwas zuzuwenden – etwa den Enkelkindern, weil diese, solange deren Eltern leben, nach der gesetzlichen Erbfolge nicht erbberechtigt sind. Eine solche Zuwendung lässt sich zwar auch durch Testament anordnen, nur mit dem Unterschied, dass jedes Mal, wenn wegen veränderter Umstände eine andere Aufteilung sinnvoll erscheint, auch das Testament neu gefasst werden müsste. Eine veränderte Disposition auf dem Konto zugunsten eines Dritten ist indes jederzeit möglich.

Mit Zustimmung des Begünstigten zu der von Ihnen beabsichtigten Schenkung im Todesfall schaffen Sie in einem Vertrag zugunsten Dritter klare Verhältnisse. Die Erben können nichts dagegen unternehmen. Seltene Ausnahme: Anfechtung wegen Unsittlichkeit. Oder sie könnten Ansprüche auf Ergänzung des Pflichtteils (siehe Seite 66) gegenüber dem Beschwerten geltend machen. Wollen Sie den Begünstigten nicht mitunterschreiben lassen, können Sie statt dessen eine unwiderrufliche Begünstigung verfügen, welche Ihre Erben – bei einer gewissen Unsicherheit über die Rechtslage – nur schwerlich aushebeln können. Wollen Sie auch keine unwiderrufliche Zuwendung veranlassen, dann können die Erben nach Ihrem Tod die Schenkung widerrufen, solange die Bank dem Begünstigten das Schenkungsangebot noch nicht gemacht und dieser auch noch nicht angenommen hat.

*Bei Umschreibung
erfolgt Meldung an
Finanzamt*

Wer mit der Bank vereinbart, im Falle seines Todes solle das Konto auf einen Dritten übergehen, muss Folgendes wissen: Das Institut hat bei Umschreibung dem Finanzamt Meldung zu machen. Dazu sind auch Versicherungen verpflichtet, wenn sie an Bezugsberechtigte auszahlen. Der Staat kassiert hierbei Schenkung- und Erbschaftsteuer (siehe Seite 24 ff.), abhängig vom Verwandtschaftsgrad zum Verstorbenen. Erlaubt ist es aber allemal, eine Schenkung bei Verträgen zugunsten Dritter und die Bezugsrechte bei Versicherungspolicen so aufzuteilen, dass die steuerlichen Freibeträge optimal ausgenutzt werden. Das geht auf diese Art sogar einfacher und zuverlässiger als über testamentarische Bestimmungen.

Des Weiteren bieten die Kreditinstitute – aus Gründen der Rechtssicherheit – ihren Kunden an, dass der Begünstigte den Vertrag sofort unterschreibt. Dann nämlich ist eine Schenkung angenommen, die Erben können hinterher nicht mehr widerrufen. Der Beschenkte weiß dann jedoch durch seine Mitunterschrift, dass ein Konto zu seinen Gunsten bei der Bank besteht. Er weiß aber nie, wie viel er beim Tod des Kontoinhabers tatsächlich bekommen wird. Denn solange dieser lebt, kann er frei über die Guthaben verfügen. Es kann dem Beschenkten also auch passieren, dass hinterher überhaupt nichts mehr auf dem Konto ist.

Was ist aber zu tun, wenn Sie überhaupt nicht wollen, dass der Beschenkte von diesem Vertrag erfährt? In diesem Falle ist die beste Lösung eine unwiderrufliche Begünstigung. Nach dem Tod des Konto- *Unwiderrufliche* inhabers ist die Bank dann verpflichtet, den unwiderruflich Begüns- *Begünstigung* tigten über das Schenkungsangebot zu unterrichten. Nimmt dieser an, ist er der neue Kontoinhaber. Mit einer solchen unwiderruflichen Begünstigung ist sichergestellt, dass der Bedachte die Zuwendung auch tatsächlich erhält. Sonst können die Erben die Schenkung wider- rufen – sie kassieren dann selbst, und der Beschenkte bekommt nichts. Die Institute weisen jedoch vorsichtshalber meist darauf hin, dass eine gesicherte Rechtsprechung zur unwiderruflichen Schenkung noch nicht vorliegt. Es bleibt also ein minimales Restrisiko, ob die Erben nicht trotzdem das Schenkungsangebot rechtskräftig widerrufen können.

Der Kontoinhaber selbst kann auch bei einer solchen unwiderrufli- *Der Vertrag* chen Verfügung zu Lebzeiten über das Konto frei disponieren – es auch *zugunsten Dritter* auf Null stellen. Ob er es allerdings ganz auflösen kann, darüber strei- *mit Widerrufs-* ten die Juristen. Auf jeden Fall macht die Bank dem unwiderruflich Be- *möglichkeit* günstigten keine Mitteilung vom Bestehen des Kontos, solange der Kunde lebt. Das Institut meldet sich erst nach dem Tod des Konto- inhabers. Will der Bankkunde weder, dass der Begünstigte mit unter- schreibt, noch ihm eine unwiderrufliche Zuwendung zukommen lassen, bleibt als letzte Möglichkeit der Vertrag zugunsten Dritter mit Wider- rufsmöglichkeit. Dieses Recht steht aber nicht nur dem Kontoinhaber zu, sondern auch seinen Erben, weil sie seine Gesamtrechtsnachfolger sind. Diese können die Begünstigung in einem Vertrag zugunsten Drit- ter jederzeit widerrufen. Dann bekommt der Bedachte keinen Pfennig. Es sei denn, die Bank hatte ihm vor dem Widerruf die Schenkungsof- ferte schon mitgeteilt. Außerdem muss der Beschenkte das Angebot gegenüber dem Institut bereits angenommen haben. Dann nämlich ist die Schenkung rechtswirksam vollzogen, ein Widerruf der Erben wäre in diesem Falle unbeachtlich. Es kann demnach bei dieser Art von Ver- trägen zu einem Rennen zwischen den Erben und dem Begünstigten kommen. Wer schneller ist, kassiert. Im Allgemeinen sind die Erben *Wer schneller ist,* aber im Vorteil, denn sie erfahren durchweg als Erste vom Tod. Und sie *kassiert* sehen in der Regel aus den Papieren des Verstorbenen, dass ein sol- cher Vertrag zugunsten eines Dritten besteht.

*Treuhandauftrag*

Speziell zu einem Wertpapierdepot, für das ein Vertrag zugunsten Dritter besteht, lassen sich die Banken in ihren Formularen noch einen Treuhandauftrag unterschreiben. Aus juristischen Gründen wird die Bank formell Eigentümer der Papiere, welche jedoch in einem Sonderdepot nach Weisung des Kunden verwahrt und verwaltet werden.

*Sonderfall
Sparbuch*

Einen Sonderfall stellt das Sparbuch dar – im Gegensatz zu einem laufenden Konto oder Depot kann es nämlich auf den Namen eines anderen angelegt werden. Das hat besondere Gründe: Denn zur Verfügung berechtigt ist nicht allein die im Sparbuch genannte Person. Wer es in den Händen hat, kann abheben.

Die Bank ist berechtigt, an jeden, der das Buch vorlegt, zu zahlen. Das Sparbuch selbst ist Legitimation. Ob mit der Anlage eines Sparbuches auf den Namen eines anderen ein Vertrag zugunsten Dritter für den Fall des Todes zustande gekommen ist, lässt sich nicht eindeutig beantworten. Das ist eine Auslegungsfrage, speziell, wenn die Erben

*Beweisführung
notwendig*

das Sparbuch im Nachlass finden. Derjenige, auf dessen Namen es lautet, muss dann im Streitfall den Beweis führen, dass es der Verstorbene ihm zuwenden wollte.

Wer ein Sparbuch für einen anderen anlegt, es aber selbst bis zu seinem Tod im Besitz hält, bewirkt damit also keine automatische Zuwendung. Die Erben könnten dies verhindern und das Guthaben für sich beanspruchen. Wer das verhindern will, sollte also noch zusätzlich in einem Vertrag zugunsten Dritter mit der Bank, wie zuvor dargestellt, für klare Verhältnisse sorgen.

*Widerrufsrecht*

Noch ein wichtiger Hinweis: Der Erblasser kann durch den Treuhandvertrag mit der Bank nicht sich selbst das Widerrufsrecht vorbehalten, es aber für die Erben ausschließen (BGH-Urteil). Das ist nur möglich, wenn die Form der letztwilligen Verfügung (Testament) gewählt oder die Erben an dem betreffenden Geschäft beteiligt werden.

# Nachlass-Strategien unter Ehegatten

## Schenkungsteuer sparen durch Vermögensteilung

Ein bewährtes Steuersparmodell, mit dessen Hilfe Eheleute in der Zeit davor ihr Vermögen nach Belieben untereinander hin- und herschieben konnten, ohne für die Übertragungen Schenkungsteuer zahlen zu müssen, wurde durch den BFH gekippt (II R 59/92). Einen Ausweg bietet in diesem Fall die Konstruktion einer relativ einfach zu handhabenden „Vermögensteilung". Dabei vereinbaren Eheleute, die im gesetzlichen Güterstand – also der Zugewinngemeinschaft – leben, vor dem Notar eine Gütertrennung. Auf diese Weise steht dem Partner – ähnlich wie bei einer Scheidung – die Hälfte des während der Ehe erworbenen Vermögens zu.

*Steuerersparnis durch Vermögensteilung*

In diesem Fall natürlich steuerfrei. Ist die Vermögensteilung erfolgt, können die Eheleute nach einer mehr oder weniger langen Wartezeit (in der Regel ein bis zwei Jahre) zurück in den gesetzlichen Güterstand wechseln. Das übertragene Vermögen bleibt aber ein für allemal steuerfrei beim Partner.

*Steuerfrei in den gesetzlichen Güterstand*

## Erbschaftsteuer sparen durch Erbaufteilung

Der Mann setzt seine Ehefrau als Alleinerbin ein, sie bekommt eine Million. Nach ihrem Tod sollen die beiden Kinder das Geld erben. Zuerst muss die Ehefrau 400 000 Mark versteuern, denn ihr Freibetrag beträgt nur 600 000 Mark. Nach ihrem Tod erhielten die Kinder je 500 000 Mark, falls sie von dem Geld nichts ausgibt. Deren Freibetrag liegt bei je 400 000 Mark. Sie müssten also jeweils 100 000 Mark versteuern. Ausweg: Ein Erbgang wird übersprungen, d. h. der Mann vererbt direkt an die Kinder. Dann wird nur einmal Erbschaftsteuer fällig. Er sollte aber für die Absicherung seiner Frau sorgen.

*Tipp: Richten Sie für sich und Ihren Ehe- oder Lebenspartner bei der Bank ein so genanntes „Oder"-Konto ein, damit auch der andere darüber verfügen kann. Sonst steht der Gefährte bei Ihrem Tod zunächst mittellos da.*

Deshalb besser: Der Mann verteilt das Erbe zwischen Frau und Kindern so, dass jeder unter seinem Freibetrag bleibt. Zum Beispiel 400 000 Mark für die Ehefrau, je 300 000 Mark für die Kinder.

*Absicherung durch*
*Nießbrauch*

Weitere Möglichkeit: Nießbrauch. Viele Menschen wollen nämlich das gemeinsam erarbeitete Vermögen unbedingt an den Ehegatten weitergeben, damit er sich weiterhin einen unverändert hohen Lebensstandard leisten kann. Der Kompromiss: der Nießbrauch. Das heißt: Diejenigen Erben, die das Vermögen bekommen, verpflichten sich gegenüber den anderen Erben zu etwas. Sie gewähren ihnen besondere Rechte. Beispiel: Die Kinder erhalten das vermietete Haus und die Mutter die Einnahmen. Das Erbe kann auf diese Weise verteilt werden, sodass alle unter ihrem Freibetrag bleiben. Und die Witwe ist durch ein regelmäßiges Einkommen abgesichert.

*Nachteil für ältere*
*Menschen*

Doch Vorsicht: Die Nießbrauch-Regelung ist oftmals eine Gleichung mit vielen Unbekannten. Beispiel: Das Eigenheim wird direkt den Kindern übertragen, die Witwe erhält nur ein lebenslanges Wohnrecht darin. Nun brauchen die Kinder Geld und verkaufen das Haus. Der neue Eigentümer renoviert. Die Witwe ist gebrechlich, fühlt sich in dem Trubel unwohl und kann sich nicht mehr wehren. Zwar könnte die Witwe klagen, doch im hohen Alter kommt ein aufwendiger Prozess für viele Menschen nicht mehr in Frage. Deshalb sollte derjenige, der den Hausfrieden in Gefahr sieht, sich im Alter nicht auf die Nießbrauchs-Regelung einlassen.

## Schenkungswiderruf unter Ehegatten

*Übertragung des*
*Grundstücksanteils*

Ehegatten lassen sich häufig gemeinsam als Miteigentümer eines erworbenen unbebauten Grundstücks oder eines Hausgrundstücks im Grundbuch eintragen. In manchen Fällen hat hier der eine Teil – oft der Ehemann – den Kaufpreis aus seinem Einkommen entrichtet bzw. die hierfür notwendigen Darlehen aufgenommen. Scheitert dann die Ehe – sei es, dass es zu einer dauernden Trennung der Ehegatten oder zur Scheidung kommt –, wird der Ehegatte, der den Kaufpreis bezahlt hat, unter Umständen nach Mitteln und Wegen suchen, um den Partner zu zwingen, seinen Grundstücksanteil auf ihn zu übertragen.

*Schenkungs-*
*Widerruf*

Dabei wird in erster Linie die gesetzliche Bestimmung über den Widerruf einer Schenkung (§ 530 BGB) bemüht; danach kann eine Schenkung widerrufen werden, wenn sich der Beschenkte durch eine schwere Verfehlung gegen den Schenker oder einen nahen Angehörigen des Schenkers wegen groben Undanks schuldig gemacht hat. (Bestimmung ist auch auf Schenkungen unter Ehegatten anwendbar.)

Die Tatsache, dass die Ehe gescheitert ist, reicht allerdings für einen *Gründe für einen*
Widerruf nicht aus. Eine schwere Verfehlung kann jedoch in erheb- *Widerruf*
lichen Beleidigungen, in Ehebruch bzw. andauernden und verheimlich-
ten ehewidrigen Beziehungen oder in ähnlichem Verhalten eines Ehegatten liegen. Es kommt dabei jedoch auf den Einzelfall an.

Nachdem im Scheidungsrecht nicht mehr das Verschuldens-, sondern das Zerrüttungsprinzip gilt, legen die Gerichte bei ehewidrigem
Verhalten eher einen großzügigen Maßstab an. Schließlich setzt ein
Schenkungswiderruf voraus, dass die begangene schwere Verfehlung
als grober Undank gegenüber dem Schenker zu werten ist; eigene Verfehlungen des Schenkers gegenüber dem Beschenkten können somit
einen groben Undank ausschließen. Gemeinschaftlicher Grundstücks- *Gemeinschaftlicher*
erwerb ist jedoch keine Schenkung. Eine solche ist nur gegeben, wenn *Grundstückserwerb*
der erworbene Vermögenswert aus dem Vermögen des Zuwendenden *ist keine*
kommt und sich die Ehegatten darüber einig sind, dass die Zuwendung *Schenkung*
unentgeltlich erfolgt; Letzteres setzt aber in der Regel voraus, dass
beide Teile über den Charakter der Zuwendung eine – sei es auch still-
schweigende – Abrede getroffen haben.

Erwerben Ehegatten jedoch ohne Eigenkapital gemeinsam ein
Wohnhaus, um mit ihrer Familie dort zu wohnen, und übernimmt der
allein verdienende Ehegatte die Zahlung der Zins- und Tilgungsraten,
während der andere den Haushalt führt, kann hierin in der Regel keine Schenkung des einen an den anderen Ehegatten gesehen werden
(BGH). Dieser Erwerb dient vielmehr der Verwirklichung der ehelichen *Verwirklichung der*
Lebensgemeinschaft. Der Gesetzgeber stellt hier die Hausarbeit der *ehelichen Lebens-*
Frau grundsätzlich der auf Gelderwerb gerichteten Tätigkeit des Man- *gemeinschaft*
nes gleich. Dem Erwerb eines Familienwohnheimes zu anteiligem Miteigentum liegt regelmäßig die Anerkennung eines gleichwertigen Bei- *Gleichwertiger*
trags beider Ehepartner zugrunde. *Beitrag beider*
*Ehepartner*

Hatten also beide Partner ihren jeweiligen Beitrag als Rechtsgrund
des gemeinsamen Erwerbs im Auge, schließt dies aus, dass eine Schenkung gewollt war. Auch ein Anspruch aus ungerechtfertigter Bereicherung (§§ 812 ff. BGB) oder wegen Wegfalls der Geschäftsgrundlage für
die Zuwendung ist hier zu verneinen. Solche Ansprüche sind jedenfalls
dann nicht gegeben, wenn die Eheleute – wie in den meisten Fällen –
im gesetzlichen Güterstand der Zugewinngemeinschaft (§§ 1372 ff.
BGB) leben. Beim gesetzlichen Güterstand sind Zuwendungen, die ein
Ehegatte während der Ehe dem anderen Ehegatten gemacht hat, im
Rahmen des Zugewinnausgleichs (§§ 1372 ff. BGB) auszugleichen.

Diese Ausgleichsforderung entsteht mit der Beendigung des Güterstandes (§ 1378 Abs. 3 BGB), kann jedoch in bestimmten Fällen auch vorzeitig geltend gemacht werden (§§ 1385, 1386 BGB). Hier kann im Falle eines gemeinschaftlichen Grundstückserwerbs die gesetzliche Bestimmung über die Anrechnung von Vorausempfängen (§ 1380 BGB) große Bedeutung erlangen. Denn danach ist auf die Ausgleichsforderung eines Ehegatten das anzurechnen, was ihm als anrechnungspflichtig von dem anderen Ehegatten zugewendet worden ist. Im Zweifel erstreckt sich die Anrechnungspflicht auf sämtliche Zuwendungen, die den Wert von nach den Lebensverhältnissen der Ehegatten üblichen Gelegenheitsgeschenken übersteigen. Bei der Zuwendung eines Eigentumsanteils an einem Grundstück trifft diese Voraussetzung in aller Regel zu – ausgenommen bei besonders begüterten Ehegatten.

*Anrechnungs-pflicht auf sämtliche Zuwendungen*

Der Zugewinnausgleich besteht grundsätzlich nur in einem Geldanspruch, der die bestehenden Eigentumsverhältnisse unberührt lässt. Nur ausnahmsweise ist im Rahmen des Zugewinnausgleichs ein Eingriff in bestehende Eigentumsverhältnisse möglich: Das Familiengericht kann auf Antrag des ausgleichungsberechtigten Ehegatten anordnen, dass ihm der ausgleichungspflichtige Ehegatte unter Anrechnung auf den Ausgleichsanspruch bestimmte Gegenstände seines Vermögens zu übertragen hat, wenn dies zur Vermeidung einer groben Unbilligkeit für den Berechtigten erforderlich ist und dem Verpflichteten zugemutet werden kann (§ 1381 Abs. 1 BGB).

*Zugewinnausgleich lässt bestehende Eigentums-verhältnisse unberührt*

Es gibt aber auch Fälle, in denen es schlechthin unangemessen wäre, einen Ehegatten, der dem anderen in der Ehe eine Zuwendung gemacht hat, auf einen wertmäßigen Ausgleich zu verweisen. Führen dabei auch andere einschlägige gesetzliche Vorschriften, insbesondere solche über die Auseinandersetzung der gemeinschaftlichen Berechtigung an einem Vermögensgegenstand (§§ 749 ff. BGB) nicht zu einem tragbaren Ergebnis, kann sich aus dem Grundsatz von Treu und Glauben (§ 242 BGB) die Verpflichtung zur Rückgewähr bestimmter Vermögensgegenstände ergeben. Eine solche Verpflichtung bleibt aber auf besonders gelagerte Ausnahmefälle beschränkt. Das finanzielle Interesse des zuwendenden Ehegatten an der ungeschmälerten Erhaltung seines Vermögens allein reicht hierzu nicht aus.

*Verpflichtung zur Rückgewähr*

# Fallen bei der Schenkung vermeiden

### Vermögensverfall

Wer sicherstellen will, dass sein Vermögen auch nach dem Tod zusammenbleibt, muss frühzeitig handeln. Das wirksamste Gegenmittel ist ein Erbverzicht. Damit erklären sich die gesetzlichen Erben bereit, dass sie später keinen Pflichtteil fordern werden. Geschieht das nicht, können die Kinder und der Ehepartner im Erbfall Bares verlangen. Die Folgen wiegen besonders schwer, wenn etwa der Ehegatte ein Mietshaus erbt und die Einnahmen der Alterssicherung dienen sollen. Indem die Kinder ihren Pflichtteil verlangen, könnte der Ehegatte gezwungen sein, das Haus zu verkaufen. Die Existenzgrundlage wäre dahin.

*Erbverzicht als Gegenmittel*

### Scheidung

Kaum jemand denkt in glücklichen Zeiten daran, dass eine Ehe auseinander gehen könnte: Das von ihm geschenkte Vermögen geht nach dem Tod des geschiedenen Partners im Wege der Erbfolge an den neuen Ehegatten. Wer das verhindern will, kann die Schenkung mit einer Auflage verbinden. In einem Ehevertrag lässt sich regeln, dass der geschenkte Vermögenswert und daraus erwachsende Erträge nicht zum Zugewinn gerechnet werden sollen und dass der Ehepartner für alle Zukunft auf Pflichtteilsansprüche verzichtet. Außerdem sollten die Eheleute vereinbaren, dass die Schenkung entweder widerrufen oder zurückverlangt werden kann (Widerrufsvorbehalt), falls der Ex-Partner entgegen der Abmachung dennoch Zugewinn oder Pflichtteil fordert.

*Auflagen oder Widerrufsvorbehalt*

### Armut

Dagegen schützt ein Vorbehaltsnießbrauch im Schenkungsvertrag, denn auf diese Weise können Sie auch weiterhin die Erträge aus Ihrem Vermögen einstreichen. Ist nichts anderes vereinbart, erlischt das Nutzungsrecht mit Ihrem Tod. Außerdem können Geschenke nach dem Gesetz wieder zurückverlangt werden, wenn der Spender plötzlich mit leeren Händen dastehen sollte.

*Der Vorbehalts-nießbrauch*

# Die Reihenfolge beim Erben

Ehepaare wünschen häufig, dass zunächst der Überlebende alles erben soll und der Nachlass erst später auf die Kinder übergeht. Das ist mög-

*Berliner Testament*

lich, wenn beide Ehepartner sich gegenseitig als Vor- und die Kinder als Nacherben einsetzen (so genanntes Berliner Testament). Steuerlich günstiger ist es allerdings, wenn der überlebende Ehegatte zum Allein- erben und die Kinder zu Schlusserben bestimmt werden. Im ersteren Fall wird nämlich zweimal Erbschaftsteuer fällig (zuerst bei der Ehe- frau, dann bei den Kindern). Das gemeinschaftliche Testament ist nur für die Ehegatten zugelassen, die in gültiger Ehe leben.

---

### Beispiel für ein gemeinschaftliches Testament

*Wir, die Eheleute Hans Maier und Lisa Maier, geb. Schmidt, setzen uns gegenseitig als Alleinerben ein. Erben des Längerlebenden von uns sollen unsere Kinder Thomas, geb. am 02.06.1970, und Martina, geb. am 12.01.1972, zu gleichen Teilen sein, ersatzweise deren Abkömmlinge. Sollte nach dem Tod des Erstversterbenden von uns eines unserer Kinder seinen Pflichtteil verlangen, so soll das betreffende Kind auch von dem Längerlebenden von uns nur den Pflichtteil erhalten.*

*Oder: Hiermit setzen wir uns gegenseitig zum alleinigen und ausschließ- lichen Vollerben ein. Für den Fall des gleichzeitigen Ablebens oder des Todes des länger lebenden Ehegatten sollen unsere beiden Kinder Schlusserben nach den Regeln der gesetzlichen Erbfolge sein.*

*Ort, Datum          Unterschrift Eheleute*

---

## Vermögensübertragung auf Kinder

*Einkunftsquelle muss übertragen werden*

Dies ist eine ideale Möglichkeit, Steuern zu sparen und gleichzeitig, durch die Trennung von Vermögen und Einkünften, Vorsorge für das Alter zu treffen. Was man unter einer steuersparenden Übertragung versteht, soll folgendes Beispiel deutlich machen: Der Sohn darf unentgeltlich die Zinsen des väterlichen Sparbuches als sein Taschen- geld nutzen. Das ist sicherlich eine Übertragung, sie hat aber nicht den gewünschten steuerlichen Effekt. Der Vater muss nämlich als Inhaber des Sparbuches die Zinsen nach wie vor weiter versteuern. Er

hat nur die Erlöse, in diesem Fall die Zinsen, nicht aber die Einkunftsquelle, nämlich das Sparbuch, übertragen.

Es kommt also immer darauf an, dass die Einkunftsquelle auf die Kinder übergeht! Und dies kann auf mehrfache Weise geschehen:

*Übertragungs-
formen auf das
Kind*

▶ durch Schenkung,
▶ durch Verkauf oder
▶ durch Nießbrauch (Nutzungsrecht).

Während bei der unentgeltlichen oder entgeltlichen Übertragung die
Eltern alle Rechte „veräußern", bleiben sie beim Nießbrauch Eigentümer des übertragenen Vermögens. Sie geben nur das Nutzungsrecht ab.
Die ersten beiden Übertragungsformen sind jederzeit möglich und vor
allem auch steuerlich wirksam – beim Verkauf mit gewissen Einschränkungen.

Unter Nießbrauch versteht man nämlich das einem Nichteigentümer einer Sache als persönliche Dienstbarkeit zustehende Recht
zur Nutzung einer Sache. Nach § 1030 BGB kann eine Sache in der
Weise belastet werden, dass derjenige berechtigt ist, Nutzungen aus
der Sache zu ziehen, zu dessen Gunsten die Belastung stattfindet. Der
Nießbrauch verleiht dem Berechtigten somit die Befugnis, eine Sache
in Besitz zu nehmen, sie zu verwalten und zu bewirtschaften und die
Nutzungen daraus zu ziehen.

*Nießbrauch
bedeutet: nutzen,
verwalten und
bewirtschaften*

## Sparbuch für Enkelkinder

*Ein Sparbuch für Enkel zählt grundsätzlich nicht zur Erbmasse. Nach
einem Urteil des Koblenzer Oberlandesgerichts (OLG) gilt dies jedenfalls
dann, wenn die Großeltern die Sparkonten auf die Namen ihrer Enkel
eröffnet haben. Vielmehr haben die Enkel gegen die Erben einen
Anspruch auf Herausgabe der Sparbücher (Az. 5 U 854/94).*

*Anspruch auf
Herausgabe*

## Erbschaftsteuer sparen durch
## Kettenschenkung

Eltern sollten grundsätzlich ihrem Kind nicht das gemeinsame Vermögen übertragen – denn wenn es jeder für sich tut, kann das Kind seinen Freibetrag von 400 000 Mark gleich zweimal, also 800 000 Mark,

beanspruchen. Und das geht alle zehn Jahre einmal. Im Klartext: Eltern können alle zehn Jahre jedem Kind bis zu 800 000 Mark steuerfrei schenken. In 21 Jahren lassen sich somit stolze 1 600 000 Mark steuerfrei verschenken!

Doch bei aller Großzügigkeit sollten sich die Eltern einige steuerunschädliche Rechte vorbehalten. Legen Sie fest, dass das Kind vorerst das geschenkte Vermögen weder verkaufen noch belasten darf.

*Rückfallklausel unbedingt vereinbaren*

Legen Sie fest, dass das Vermögen, das Sie Ihrem Kind geschenkt haben, an Sie zurückfällt, falls das Kind vor Ihnen sterben sollte. Dadurch verhindern Sie, dass Familienvermögen in den Besitz des Ehegatten Ihres Kindes und in dessen Familie übergeht. Verschenken Sie ein Haus, behalten Sie sich ein unentgeltliches, lebenslängliches Wohnrecht darin vor. Behalten Sie sich weiter das Recht vor, die Schenkung jederzeit zu widerrufen.

*Steuerersparnis durch Vermögensaufteilung*

Hierzu ein Beispiel: Sie wollen Ihrem Kind 800 000 Mark verschenken. Würden Sie Ihrem Kind diesen Betrag auf einmal übergeben, würde der Fiskus kräftig kassieren. Sie „enterben" den Fiskus aber, wenn Sie das Vermögen aufteilen (siehe Kasten).

---

### Beispiel

|  | Frau | Kind |
|---|---|---|
| Sie schenken Ihrer Frau und | | |
| Ihrem Kind den gleichen Betrag | 400 000 DM | 400 000 DM |
| ./. Freibetrag | 600 000 DM | 400 000 DM |
| steuerpflichtig | 0 DM | 0 DM |

Nicht nur Sie, sondern auch Ihre Frau darf Ihrem Kind 400 000 DM schenken.

| | | |
|---|---|---|
| Ihre Frau schenkt dem Kind (zeitversetzt) | | 400 000 DM |
| ./. Freibetrag | | 400 000 DM |
| steuerpflichtig | | 0 DM |
| | | 800 000 DM |

Steuer-Ersparnis gegenüber der einmaligen Schenkung (800 000 DM) durch den Vater: über 16 000 DM!

*Wichtig:* Bei diesem Modell sollten Sie sich auf Ihre Frau verlassen können, dass sie Ihren Kindern auch das Geld schenkt. Denn – was Sie nicht tun dürfen: Ihren Ehepartner durch einen notariellen Vertrag verpflichten, das an ihn geschenkte Geld an die Kinder weiterzugeben. In diesem Fall erkennt der Bundesfinanzhof (Az. II R 91/91) die Schenkung nicht an. Diese notarielle Beglaubigung ist im Grunde genommen auch nicht nötig. Wenn Sie Ihren Kindern im Beisein der Mutter von dem Steuerspargeschäft erzählen, ist der moralische Druck so enorm, dass das Vermögen zum festgelegten Zeitpunkt auch weitergegeben wird.

*Notarielle Vereinbarung gefährdet Schenkung*

Ein weiterer wichtiger Punkt, den es zu beachten gilt, liegt bei einer eventuellen Überschuldung eines Bedachten vor. Das Erbe bleibt steuerfrei, wenn man seinem Ehegatten, Kind oder Enkel eine Schuld erlässt, sofern dadurch eine vorliegende Überschuldung beseitigt wird. Überschuldet ist der so Beschenkte, wenn bei der Vermögensveräußerung die Schulden voraussichtlich nicht gedeckt werden können. Wird durch den Schulderlass mehr erreicht, dann ist der übersteigende Betrag steuerpflichtig. Grundsätzlich frei ist der Schulderlass, wenn das Darlehen zum Zwecke eines angemessenen Unterhalts oder zur Ausbildung gewährt worden ist.

*Steuerfrei bei Überschuldung*

Wenn Sie Ihrem Kind also einmal ein Darlehen gegeben haben, das Sie wegen fortgeschrittenen Alters wohl doch nicht mehr zurückhaben wollen, so schreiben Sie dem Betreffenden eine Bestätigung.

*Bestätigungs- schreiben hilft Steuern sparen*

## Formulierungshilfe

*Weil ich wegen des niedrigen Einkommens von Herrn/Frau ... in ... um dessen angemessenen Lebensunterhalt fürchtete, erhielt diese/r am ... ein verzinsliches/unverzinsliches Darlehen in Höhe von ... DM. Heute erlasse ich die Schuld und verzichte auf die Rückzahlung des Darlehens/des Darlehensrestes.*

*Ort, Datum          Unterschrift*

## Nachlass in falschen Händen

*Wenn das Kind vor den Eltern stirbt*

Werden Vermögenswerte zu Lebzeiten auf ein Kind übertragen, so geht jedermann wie selbstverständlich davon aus, dass der Sohn oder die Tochter den Vater und die Mutter überlebt. Zu denken ist an die Firma, in der das Kind später die Nachfolge des Vaters antreten soll. Doch es kommt im Leben oft auch anders. Stirbt das beschenkte Kind vor den Eltern, verliert die vorweggenommene Erbfolge ihren Sinn. Möglicherweise wollen Vater und Mutter dann, dass eines ihrer anderen Kinder das Vermögen bekommen soll. Also regeln sie das in ihrem Testament.

*Fatale Folgen durch Vermögens-übertragungen unter Geschwistern*

Die Folgen dieser Verfügung sind fatal, denn Vermögensübertragungen unter Geschwistern werden der ungünstigen Steuerklasse III zugeordnet. Im Ergebnis fällt dann mehr als doppelt so viel Erbschaftsteuer an als etwa in Steuerklasse I. Durch eine so genannte Rückfallklausel fällt das geschenkte Vermögen steuergünstig wieder an die Eltern zurück. Nun haben es Vater und Mutter ihrerseits wieder in der Hand, das Vermögen im Rahmen der Steuerklasse I auf die anderen Kinder zu übertragen. Steuergewinn: mehr als 100 Prozent.

# Strategien für nichteheliche Lebensgemeinschaften

*Wenn Sie nicht handeln, geht Ihr Lebenspartner leer aus*

Besonders wichtig sind Testamente für Unverheiratete, denn ihre Lebenspartner sind von der gesetzlichen Erbfolge ausgeschlossen. Gibt es keinen schriftlichen letzten Willen, gehen sie leer aus. Doch Vorsicht, wenn ein Partner zu großzügig bedacht wird, dann stänkern möglicherweise die Verwandten: Sie können dann auf ihren Pflichtteil bestehen – also der Hälfte dessen, was sie durch die gesetzliche Erbfolge bekämen. Leben Sie allein oder als Lediger in einer Lebensgemeinschaft, erben zuerst Ihre Eltern zu gleichen Teilen.

Wer in einer eheähnlichen Beziehung lebt, sollte bereits zu Lebzeiten dafür sorgen, dass der Partner nach seinem Tod nicht leer ausgeht. Denn der Lebenskamerad selbst gilt nicht als gesetzlicher Erbe. Und so kann dieser nach dem Tod des Partners sehr schnell das Dach über dem Kopf verlieren. Zwar leben Menschen in einer außerehelichen Gemeinschaft nicht schlechter als diejenigen mit Stempel des Standesamtes unter der Heiratsurkunde. Erweist sich allerdings eine Bindung als dauerhaft, so liegt es in den meisten Fällen auch nahe, seinen Gefährten auch über das Grab hinaus abzusichern.

Der Grund für diese weitsichtige Handlungsweise liegt auf der Hand: Schließlich soll der Lebenskamerad beispielsweise das Hausgrundstück, auf dessen Ausbau und Erhaltung beide Partner seit Jahren gemeinsam so viel Kraft und Geld verwandt haben, auch behalten dürfen. Hierbei muss jedoch ein wichtiger Gesichtspunkt berücksichtigt werden: Ein Lebensgefährte kann nur durch eine letztwillige Verfügung bedacht werden. Eine Möglichkeit: Eine Geld- oder Sachzuwendung als Vermächtnis, die ihm ein anderer Erbe aus dem Nachlass zu überlassen hat.

*Lebensgefährte kann nur durch letztwillige Verfügung bedacht werden*

Außerdem kommt ein Testament in Betracht, das ihn als Erben einsetzt. Aber auch beim Testament gibt es Unterschiede im Gegensatz zu Ehegatten, denn Partner einer eheähnlichen Gemeinschaft dürfen nach § 2265 BGB kein gegenseitiges Testament errichten. Von daher muss jeder Partner für sich – eigenhändig oder notariell – sein eigenes Testament errichten. Trennen sich die Lebenskameraden, tritt das Testament zugunsten des Partners (auch das ist anders bei Eheleuten) nicht automatisch außer Kraft, sondern muss vielmehr aufgehoben, d. h. widerrufen werden.

*Kein gegenseitiges Testament*

Des Weiteren muss beachtet werden: Wer bereits in einer früheren, aber durch den Tod seines Ehegatten aufgelösten Ehe ein wechselseitiges Testament errichtet hat, ist nach § 2271 BGB stets an dieses gebunden. Wurde in diesem Fall beispielsweise ein Nacherbe eingesetzt, ist ein anschließendes abweichendes Testament zugunsten des Lebenskameraden grundsätzlich nicht mehr möglich. Doch Vorsicht: Selbst wenn ein Partner seinem Lebenskameraden das Testament übergibt, kann dieser es stets durch eine neue letztwillige Verfügung widerrufen.

*Wechselseitiges Testament bindet*

Im Klartext bedeutet die Testierfreiheit des Lebenspartners: Kein Erbe oder Vermächtnisnehmer kann sicher sein, dass der Erblasser sich nicht doch noch anders besinnt und sein Testament widerruft – offen oder heimlich hinter dem Rücken des Partners.

Des Weiteren gilt das Pflichtteilsrecht, das ebenfalls berücksichtigt werden muss. Dies bedeutet: Pflichtteilsberechtigt sind Abkömmlinge des Erblassers, die durch Verfügung von Todes wegen von der Erbfolge ausgeschlossen wurden. Gleiches gilt auch für den Ehegatten, ferner für die Eltern, wenn der Verstorbene keine Abkömmlinge hinterlassen hat.

Auf der sicheren Seite befindet sich derjenige, der einen notariell beurkundeten Erbvertrag (§§ 2274 ff. BGB) schließt. Hierunter ist eine Vereinbarung zwischen den Lebenskameraden zu verstehen, mit der vor allem wirtschaftliche Fragen während des Zusammenlebens bzw. für den Fall einer Beendigung der Lebensgemeinschaft geregelt werden. Daran ist der Erblasser dann allerdings gebunden.

Wesentlich einfacher ist der Partnerschaftsvertrag, der allerdings stets aktualisiert werden sollte. Zudem muss hier nicht alles festgelegt sein, denn manches ist zwischen den Lebenskameraden erst gar nicht regelungsbedürftig, anderes wiederum steht im Testament. Geregelt werden können in diesem Fall beispielsweise spezielle Rechte an der gemeinsamen Wohnung, Mittel zum Lebensunterhalt oder Anschaffungen für den Haushalt, gemeinsame Konten usw.

Wer bereits zu Lebzeiten vorsorgt, kann den rauen Konsequenzen aus dem Pflichtteilsanspruch begegnen. Haben beispielsweise beide Lebenskameraden zur Anschaffung eines Grundstücks finanziell beigetragen, dann liegt es nahe, gleich im notariellen Kaufvertrag Miteigentum zu begründen – und zwar entweder je zur Hälfte oder zu einer anderen angemessenen Quote. Steht das Grundstück hingegen im Alleineigentum eines der Lebenskameraden, trägt jedoch der andere zu Erhaltung bzw. Ausbau durch Arbeit- oder Geldleistung bei, dann kann auch noch nachträglich Miteigentum begründet werden.

Möglich ist ferner, erhebliche Leistungen, die durch den Nichteigentümer des Grundstücks für dieses erbracht wurden, schriftlich in einem Vertrag festzuhalten, in dem der Grundstückseigentümer für alle erbrachten Grundstücksaufwendungen eine angemessene Summe als Darlehen anerkennt, das jedoch erst bei seinem Ableben fällig werden soll. Aber Achtung: Damit der Pflichtteilsberechtigte diesen Schuldschein nicht als fingiert anfechten kann, sollte stets die Zusammensetzung des Betrages geschildert werden, und zwar konkret und nach-

*Tipp:* *Weil jedoch niemand mit absoluter Sicherheit voraussagen kann, wie eine Lebensgemeinschaft, die sich in der Vergangenheit bewährte, die nächsten Jahre oder Jahrzehnte überstehen wird, man aber andererseits den Gefährten bei Unfall oder plötzlicher Erkrankung nicht ungesichert zurücklassen möchte, bietet sich stets an, in den Erbvertrag eine Klausel aufzunehmen, dass jeder der Vertragsschließenden – und zwar jederzeit und ohne Angaben von Gründen – vom Vertrag zurücktreten darf (§ 2293 BGB).*

*Weiterer Vorteil: Anders als beim heimlichen Widerruf eines Testaments darf hier nur durch eine notariell beurkundete Erklärung widerrufen werden. Der Widerruf wird in diesem Falle also erst wirksam, wenn die Erklärung dem anderen Partner persönlich zugeht.*

*Vertragliche
Vereinbarungen*

vollziehbar. Zudem sollten alle Belege aufbewahrt werden. Aufgrund dieser Belege lässt sich dann beispielsweise der Nachweis erbringen, dass der Lebenskamerad von seinem Konto Tilgungsbeträge für einen Kredit abbuchen ließ und Handwerkerrechnungen bezahlt hat.

Unklug handelt derjenige, der seinen Nachlass und damit den Pflichtteil ohne Gegenleistung durch Schenkung zu schmälern versucht. Zum einen wird hierauf nämlich Erbschaftsteuer fällig, zum anderen hindert die Schenkung den Pflichtteilsberechtigten nicht unbedingt, seinen Pflichtteils-Ergänzungsanspruch doch noch geltend zu machen. Und zwar dann, wenn der Schenker innerhalb von zehn Jahren seit Umschreibung des Eigentums im Grundbuch verstirbt. Wenn allerdings zwischen Schenkung (bzw. Eigentumsumschreibung im Grundbuch) und dem Todesfall zehn Jahre liegen, dann führt auch eine Schenkung unter Lebenskameraden nicht zu einer Pflichtteilsergänzung (§§ 2325 ff. BGB).

*Nachteil durch Schenkung ohne Gegenleistung*

Zudem gibt man mit einer Schenkung seinen größten und vielleicht einzigen Vermögenswert aus der Hand, ohne zu wissen, ob diese Gemeinschaft auch wirklich ein Leben lang andauert. Doch Vorsicht: Was einmal verschenkt ist, das kommt auch nicht wieder zurück. Und ob sich später bei einer möglichen Trennung grober Undank des Partners so ohne weiteres beweisen lässt, (berechtigt zum Widerruf der Schenkung nach § 530 BGB), ist stets ungewiss.

*Verschenkt ist verschenkt*

Fatal wird die ganze Angelegenheit jedoch, wenn jemand sein Grundstück zu Lebzeiten überschreibt, der neue Eigentümer dann aber wider Erwarten als Erster stirbt und dessen Kinder nun ihre Ansprüche geltend machen. Der Grund: Ein geltend gemachter Pflichtteil, an dem übrigens kein Weg vorbeiführt, kann die Sicherheit, die der Erblasser für seinen Lebenskameraden schaffen wollte, zum Bumerang werden lassen. Beispiel: Der Sohn des Verstorbenen aus erster Ehe ist der einzige gesetzliche Erbe (vorausgesetzt, der Vater hat ihn nicht durch Testament von der Erbfolge ausgeschlossen). Das Erbe besteht im Wesentlichen aus einem Grundstück (Wert: 200 000 Mark).

Die Folge: Der Sohn ist pflichtteilsberechtigt, hat also somit einen Anspruch auf die Hälfte des Nachlasses, d. h. 100 000 Mark. Gelingt es in diesem Falle nicht, diese Summe durch Kredit oder Grundstücksbelastung bereitzustellen, dann kommt das Grundstück unter den Hammer, d. h. es wird zwangsversteigert. Mit der Konsequenz, dass der Überlebende Heim und Bleibe verliert. Denn: Liegen weder extreme Pflichtteilsentziehungsgründe noch eine Pflichtteilsunwürdigkeit vor

*Pflichtteil bedeutet Bargeld*

(beispielsweise Testamentsfälschung, -vernichtung, siehe §§ 2333, 2339 BGB), so ist der Pflichtteil in bar auszuzahlen.

## Wirksam gegen Erbschleicher

*Trust oder Stiftung*

Vertrauen Sie Ihr Vermögen rechtzeitig einem Trust oder einer Stiftung im Ausland an, dann hebeln Sie damit das deutsche Pflichtteilsrecht aus. Das bedeutet: Sie können frei bestimmen, ob ein gesetzlicher Erbe vom Nachlasskuchen ein Stück abbekommt oder nicht, denn rechtlich gesehen gehört Ihnen das Stiftungs- oder Trustvermögen nicht mehr. Also kann niemand darauf Anspruch erheben, indem er sich auf seine Stellung als Erbe beruft. Sie entziehen die Vermögenswerte gewissermaßen der noch vorhandenen Erbmasse. Wer letztlich den Nutzen aus dem Trust oder der Stiftung ziehen, also beispielsweise Mieten und Zinserträge kassieren soll, können Sie ohne Rücksicht auf Familienbande beliebig entweder zu Lebzeiten oder für den Todesfall bestimmen.

## Immobilienvermögen übertragen

### Schenkungsverträge

Clevere übertragen ihr Grundvermögen zu Lebzeiten: zur eigenen Sicherheit und um Steuern zu sparen. Mit den nachfolgenden Formulierungen sorgen Sie für einen wasserdichten Schenkungsvertrag.

*Eine Schenkung muss unentgeltlich sein*

### Formulierungshilfe

**Nießbrauchsklausel:**

Witwer A will sein Mehrfamilienhaus auf seine beiden Töchter B und C übertragen. Er möchte aber weiterhin in seiner Wohnung bleiben und bis zu seinem Lebensende die Miete für die übrigen Wohneinheiten kassieren. A formuliert wie folgt:

*„Für die Übertragung des Grundstücks Gemarkung ... (Ort), Flur-Nr. ... an meine beiden Töchter ... (Name, Vorname) gilt folgende Auflage: Ich behalte mir das unbeschränkte Nießbrauchsrecht an dem genannten Grundstück vor. Der Nießbrauch erlischt mit meinem Tod. Meine Töchter stimmen der Eintragung dieses Rechts ins Grundbuch zu."*
Oder: *Die Nutzungs- und Nießbrauchsrechte am Grundstück behalte ich mir vor, und zwar für die Dauer von ... Jahren."*

### Monatliche Rente:

Herr A bemüht sich um einen Platz im Pflegeheim. Wegen der hohen Kosten ist er auf die Mieteinnahmen angewiesen. Er will den Töchtern das Haus nur überschreiben, wenn sie ihm dafür monatlich 4000 Mark zahlen – entweder als Rente oder als so genannte dauernde Last. Er formuliert wie folgt:

*„Ich übertrage meinen Töchtern B und C das Hausgrundstück Gemarkung ... (Ort), Flur-Nr. ... zu gleichen Anteilen. Als Gegenleistung zahlen mir meine Töchter lebenslang eine monatliche Rente in Höhe von 4000 Mark. Die Zahlung ist jeweils im Voraus fällig zum 3. Werktag eines Kalendermonats. Dieses Recht wird durch Eintragung ins Grundbuch gesichert."*

### Wertsicherungsklausel:

Vater A rechnet mit steigenden Pflegekosten. Deshalb möchte er, dass die Rente angepasst wird. Er formuliert wie folgt:

*„Die Rente soll wertbeständig sein. Deshalb soll sie sich in ihrem Wert ebenso verändern, wie sich die Lebenshaltungskosten ändern. Die Rente wird daher jeweils zum Ende eines Kalenderjahres dem Index der Lebenshaltungskosten eines Vier-Personen-Haushalts des Statistischen Bundesamtes angepasst. Die Genehmigung dieser Klausel durch die Landeszentralbank liegt vor."*

### Rückfallklausel:

Herr A will verhindern, dass das übertragene Vermögen noch zu seinen Lebzeiten an andere Personen fällt. Er formuliert:

*„Verstirbt meine Tochter B oder mein Sohn C vor mir, so bin ich berechtigt, die Rückübertragung des Grundbesitzes auf mich zu verlangen. Der Anspruch auf Rückübertragung soll gesichert werden durch Eintragung einer Eigentumsvormerkung im Grundbuch."*

## Betrieb statt Privatperson

Auch dies ist eine Möglichkeit: Betrieb statt Privatperson. Wer nämlich eine Wohnung oder ein Haus vermietet, kann dies als Privatperson oder als Firma tun (beispielsweise Gründung einer GmbH, die als
Vermieter auftritt). Zu den persönlichen Freibeträgen gibt es dann
noch einmal zusätzlich 500 000 Mark steuerfrei für Betriebsvermögen,
dessen positiver Restwert dann nur noch mit 60 Prozent angesetzt
wird. Eine Betriebsgründung ist allerdings nur langfristig sinnvoll. Wird
der Betrieb aufgelöst, kann das Finanzamt eine saftige Steuernach-
zahlung verlangen.

### Beispiel

*Eine ältere Frau wird seit Jahren von einer jüngeren Frau gepflegt, der
sie später ein Grundvermögen von rund einer Million vererben will. Da die
Pflegerin nicht mit der älteren Frau verwandt ist, stehen ihr nur 10 000
Mark steuerfrei zu, den Rest müsste sie mit 29 Prozent versteuern. Im
Klartext: Das Finanzamt würde eine Erbschaftsteuer in Höhe von 287 100
Mark erheben. Bringt die ältere Dame jedoch ihr Vermögen in eine Perso-
nengesellschaft ein, muss die Pflegerin nunmehr nur noch 69 000 Mark
Erbschaftsteuer zahlen.*

*Sonderfall:
Schenkung von
Immobilien*

Wer steuergünstig Vermögen übertragen will, sollte die Vorteile einer
Schenkung von Immobilien bzw. von geschlossenen Immobilienfonds
prüfen, so lange es diese Möglichkeit noch gibt. Besonders lohnen sich
hier nämlich Gestaltungen mit gewerblich geprägten Immobilienfonds.
Denn die Forderung wird immer lauter, das Bewertungsgesetz zu
ändern – und damit würden auch die Steuervorteile bei einer Schenkung deutlich geringer ausfallen. Ausweg: Wer statt einer Million Mark
seiner Lebensgefährtin einen Anteil an einem gewerblich geprägten
Immobilienfonds schenkt, der spart ganze 287 000 Mark an Schenkungsteuer! (siehe Beispiel)

> **Wichtig:** *Das Sozialamt darf Schenkungen zurückfordern. Es kann Geschenke, die ein Sozialhilfeempfänger vor seiner Hilfsbedürftigkeit gemacht hat, von den Beschenkten zurückfordern. Dies gilt nach einer Grundsatzentscheidung auch dann, wenn der Hilfeempfänger zwischenzeitlich verstorben ist. Das Urteil stützt sich auf eine gesetzliche Vorschrift, nach der eine Schenkung zurückgefordert werden kann, wenn der Schenker später seinen Lebensunterhalt nicht mehr allein bestreiten kann. Jedoch muss der Beschenkte, wenn er nichts von der Hilfsbedürftigkeit wusste, nur den Teil der Zuwendung an das Sozialamt zurückgeben, den er noch besitzt (BGH, Az. IV ZR 121/94).*

## Geldmittel für den Grundstückserwerb

*Erbschaftsteuer sparen*

Wer beispielsweise eine Million Mark in Geldmittel verschenkt, muss wissen, dass der Beschenkte dafür – je nach Verwandtschaftsgrad – erhebliche Steuern bezahlen muss. Der beschenkte Ehepartner (Freibetrag 600 000 Mark) muss 44 000 DM Steuern zahlen, das beschenkte Kind (Freibetrag 400 000 Mark) 90 000 DM, der Bruder (Freibetrag 20 000 Mark) 215 000 DM und die Lebensgefährtin (Freibetrag 10 000 Mark) gar 287 100 DM. Wenn man dem Beschenkten das Geld jedoch mit der Verpflichtung übergibt, dafür ein bestimmtes Grundstück zu kaufen, dann sieht die Sache ganz anders aus. Selbst wenn man die Nebenerwerbskosten für das Grundstück abzieht und daher nur eine Immobilie mit einem Verkehrswert von 935 000 DM verschenkt, lohnt sich diese Gestaltung in den meisten Fällen.

*Gezielt den Nachlass reduzieren*

Beispiel: Einmal angenommen, es wird statt des Geldes ein Mietshaus mit 350 qm Wohnfläche (Baujahr 1976, durchschnittliche Miete: 13,50 DM) verschenkt, dann liegt der für die Schenkung angesetzte Wert bei nur 637 000 Mark. Die Folge: Der Bruder muss nur 125 740 DM, die Lebensgefährtin nur 181 830 DM an Schenkungsteuer zahlen. Voraussetzung ist allerdings, dass der „Faktor 12,5" für die Bewertung nicht erhöht wird – dies steht nämlich derzeit auch in Diskussion. Noch vorteilhafter ist die Schenkung eines geschlossenen Immobilienfonds.

*Grundsätze der gemischten Schenkung*

Beispiel: Angenommen, es wird ein Agio von 5 Prozent fällig, dann können in diesem Fall 950 000 DM Anteil am Eigenkapital verschenkt werden. Nimmt man weiter an, die vermögensverwaltende Gesellschaft hätte ihre Immobilien zu 80 Prozent fremdfinanziert, dann werden die Grundsätze der „gemischten Schenkung" angewandt, da der Beschenkte bei dieser Gestaltung auch die Verbindlichkeiten übernimmt. Der Steuerwert des Fondsanteils beträgt dann nur noch 600 000 DM. Für den Ehepartner oder das Kind fallen in diesem Falle also gar keine Schenkungsteuern an, für den Bruder lediglich 127 600 DM und für die Lebensgefährtin 171 100 DM.

*Gewerblich geprägter Immobilienfonds*

Die beste Variante – aus steuerlicher Sicht – ist allerdings die Schenkung einer Beteiligung an einem gewerblich geprägten Immobilienfonds. Denn mit diesem Modell profitiert der Beschenkte gleich in doppelter Weise. Und zwar einmal von den Unterschieden, die sich daraus ergeben, dass das Betriebsvermögen bei Erbschaft und Schenkung deutlich besser bewertet wird, sodass die Bemessungsgrundlage hier schon niedriger ausfällt. Zum anderen gilt: Werden dann noch entsprechend höhere Fremdmittel aufgenommen, dann ergibt sich sogar ein Verkehrswert von null oder auch ein negativer Wert (Verlust).

*Freibetrag für Betriebsvermögen*

Weiterer Vorteil: Der Beschenkte kann von dem zusätzlichen Freibetrag profitieren, den es bei der Vererbung und Verschenkung von positivem Betriebsvermögen gibt. Dieser Betrag liegt zur Zeit bei 500 000 DM. Sollte nach Abzug dieses Freibetrags dann noch ein positives Betriebsvermögen übrig bleiben, dann wird dieses nur mit 60 Prozent des Wertes angesetzt! Zu diesem Betrag kommen dann auch noch zusätzlich die persönlichen Freibeträge hinzu.

Gestaltungsmöglichkeit: Der Schenker erwirbt ein Grundstück und bringt dieses z. B. als Kommanditist in eine GmbH & Co KG gegen Einräumung der KG-Beteiligung ein. Hätte das eingebrachte Grundstück einen Steuerwert von 637 000 DM und nimmt die KG nunmehr Fremdmittel in Höhe von 900 000 DM auf, dann müsste der Beschenkte für den KG-Anteil null Mark an Steuern bezahlen – also weder der Ehepartner noch das Kind. Gleiches gilt für den Bruder und die Lebensgefährtin. Zudem bleiben für all die genannten Personen noch Freibeträge offen.

*Fünf Jahre Haltefrist*

Dieses Modell ist allerdings an eine Voraussetzung gebunden: Der Beschenkte muss das Betriebsvermögen fünf Jahre in seinem Privatbesitz halten. Wird dann die Immobilie veräußert, dann müssen wiederum andere steuerliche Folgen bedacht werden. So beispielsweise, dass bei einer späteren Veräußerung der Immobilie Wertsteigerungen versteuert werden müssen, und zwar auch dann, wenn die Spekulationsfrist von zehn Jahren abgelaufen ist. Der Grund: Diese Frist gilt nur für Immobilien im Privatvermögen und nicht für die im Betriebsvermögen.

Dagegen lohnen sich die im Moment angepriesenen Immobilien-Aktien nur sehr bedingt, da – vor allem unter dem Aspekt der Schenkung- und Erbschaftsteuer – deutlich höhere Steuern im Vergleich mit Direktinvestitionen oder geschlossenen Immobilienfonds anfallen. Der Grund: Die Vorteile der niedrigeren erbschaftsteuerlichen Immobilienbewertung kommen bei diesem Modell nicht zur Anwendung, da Schenkung oder Vererbung praktisch wie Geldzuwendungen besteuert werden.

*Immobilien-Aktien nur bedingt lohnenswert*

## Generationen-Skipping

Wird eine Immobilie über mehrere Generationen weitergegeben, kann per Generationen-Skipping Erbschaftsteuer in sechsstelliger Höhe gespart werden. Dabei geht das Erbe gleich auf die übernächste Generation über. Die Familie selbst spart sich dadurch die Steuer für einen Erbfall. Dazu ein Beispiel: In einer Drei-Generationen-Familie – Großvater, Vater, Enkel – will der Großvater seine zwei Wohnungen vererben. Der vom Finanzamt geschätzte Steuerwert der Immobilien liegt bei einer Million Mark. Der Großvater hat hierbei zwei Möglichkeiten, die Wohnungen an die Erben weiterzugeben:

*Erbübergang auf die übernächste Generation*

1. Der Großvater vererbt die Immobilien seinem Sohn: Dann werden 90 000 Mark Erbschaftsteuer auf 600 000 Mark steuerpflichtigen Erwerb fällig. Schließlich stehen dem Sohn 400 000 Mark Freibetrag zu.

*Normaler Erbgang*

2. Generationen-Skipping: Dabei gehen die Immobilien vom Großvater direkt auf den Enkel über. Da indes Enkeln nur 100 000 Mark Freibetrag zustehen, werden in diesem Fall auf 900 000 Mark steuerpflichtigen Erwerb 135 000 Mark Erbschaftsteuer fällig – das sind zunächst 45 000 Mark mehr als beim ersten Modell. Aber: Wenn dem Sohn des Erblassers und Vater des Erben ein lebenslanger Nießbrauch eingeräumt wird, muss dieser Nießbrauch zwar auch versteuert werden, doch mindert dessen Wert gleichzeitig auch wieder die Bemessungsgrundlage für die Steuerpflicht des Enkels.

*Immobilienübertragung direkt auf Enkel*

*Direktübertragung
bei gleichzeitiger
Nießbrauch-
stellung*

In diesem Fall reduziert sich die gemeinsame Steuerschuld von Sohn und Enkel auf zusammen nur noch 55 000 Mark. Von daher gilt: Die Direktübertragung an den Enkel bei gleichzeitiger Nießbrauchstellung zugunsten des Vaters ist die steueroptimale Möglichkeit, die Immobilien weiterzugeben. Zusätzlicher Vorteil: Die Vermögen von Großeltern und Eltern bleiben getrennt. Der Enkel erbt nicht gleichzeitig kumuliertes Vermögen. Würde das Erbe auf einmal vererbt, unterläge die Erbschaft der Progression der Erbschaft- und Schenkungsteuer.

## Mit einer GmbH als Geprägegesellschaft Erbschaftsteuer sparen

*Beispielrechnung*

Verfügen Eheleute über einen unbelasteten Miethausbestand in Bruchteilsgemeinschaft (geschätzter Steuerwert drei Millionen Mark, entspricht Verkehrswert von etwa sechs Millionen Mark), entsteht in der Person des einzigen Kindes (30 Jahre alt, Alleinerbe bei gleichzeitigem Unfalltod beider Eltern, wenn das Kind jeweils Alleinerbe eines jeden Elternteils wird), je eine Erbschaftsteuer auf der Grundlage des Erwerbs in Höhe von 1,1 Millionen Mark (= 209 000 Mark), weil ein Freibetrag von jeweils 400 000 Mark zum Zuge kommt.

Hätte das Ehepaar zu Lebzeiten sein Immobilienvermögen rechtlich in eine Geprägegesellschaft (besondere Rechtsform, die nur das Steuerrecht kennt) umorganisiert, hätten die Sondervorschriften des § 13 a ErbStG für die Besteuerung von Betriebsvermögen gegriffen. Hierdurch mindert sich der Steuerwert des Immobiliengesellschaftsanteils (und zwar eines jeden Elternteils) jeweils um den Unternehmensnachfolgefreibetrag (§ 13 a ErbStG) in Höhe von 500 000 Mark (im Beispielfall von 1,5 Millionen Mark) auf 1 Million Mark.

*Private Bruchteils-
gemeinschaft*

Dieser Wert ermäßigt sich zudem nochmals um den Unternehmensnachfolgeabschlag von 40 Prozent, d. h. auf 600 000 Mark. Dieser ist dann noch um den persönlichen Freibetrag des Erwerbers (400 000 Mark) zu kürzen. Damit wird die Erbschaftsteuer nur noch von jeweils 200 000 Mark berechnet und beläuft sich bei Anwendung des Steuersatzes (11 Prozent) auf 22 000 Mark – anstatt der 209 000 Mark, wenn die Immobilien – steuerlich – als private Bruchteilsgemeinschaft organisiert sind. Hierdurch beträgt die Steuerdifferenz je Erbfall immerhin 187 000 Mark, im Beispielfall also respektable 374 000 Mark.

Um die Rechtsorganisation einer Geprägegesellschaft zu erreichen, gründen die Eheleute zunächst einmal eine Ehegatten-GmbH mit einem Mindeststammkapital in Höhe von 50 000 DM (25 000 €), deren Geschäftsführer sie jeweils persönlich werden. Beide Ehegatten bilden somit (im Wege der Sachgründung mit ihrer GmbH) eine Drei-Personen-Gesellschaft bürgerlichen Rechts (GbR). Hierzu bringen die beiden Ehegatten ihre Immobilien-Bruchteile in die Gesamthand der GbR und die GmbH ihre Arbeitskraft (als allein geschäftsführende Gesellschafterin und ihre unbeschränkte Haftung) in die GbR ein.

*Die Gründung*

Damit ist die GmbH an der Immobiliengesellschaft vermögensmäßig beteiligt, sodass auch keine Grunderwerbsteuer anfällt. Die Immobiliengesellschaft muss den steuerlichen Sonderstatus der Geprägegesellschaft mit Betriebsvermögen erhalten (§ 15 Abs. 3 Nr. 2 EStG), d. h. nach dem GbR-Gesellschaftsvertrag muss die GmbH allein geschäftsführungsberechtigt sein (denn nur ausschließlich Kapitalgesellschaften dürfen GbR-Geschäfte führen). Die GbR-Gesellschafter (natürliche Personen) müssen von daher (in Abänderung des dispositiven Gesetzesrechts) gesellschaftsvertraglich ausdrücklich von der Geschäftsführung ausgeschlossen sein. Die von der Geschäftsführung ausgeschlossenen Gesellschafter der GbR müssen (soweit rechtlich zulässig), von der unbeschränkten Haftung befreit werden, denn der Sonderstatus der steuerlichen Geprägegesellschaft setzt die beschränkte Haftung der nichtgeschäftsführenden Gesellschafter voraus.

*Gesellschafts-vertraglich Ausschluss von der Geschäftsführung notwendig*

Nach dem GbR-Gesellschaftsvertrag darf die geschäftsführende GmbH ihre Mitgesellschafter nur im Rahmen eines Unternehmensgegenstandes sowie des vorhandenen Unternehmensvermögens der Gesellschaft und deren Vertrages verpflichten. Die Gepräge-GbR tritt nach außen unter einem Namen auf, der die beschränkte Haftung der Gesellschafter (die natürliche Personen sind) kennzeichnet.

Hat ein erbendes Kind wiederum selbst ein Kind, dann sollte das Enkelkind testamentarisch von jedem Großelternteil ein Beteiligungs-Vermächtnis in Höhe von 100 000 Mark Steuerwert an der Geprägegesellschaft erhalten. Wird diese Grenze eingehalten, dann löst dieses Vermächtnis keine Erbschaftsteuer des Enkels aus, da dessen persönlicher Freibetrag 100 000 Mark beträgt. Derartige Freibetragsvermächtnisse können zu jeder Zeit auch testamentarisch ausgesetzt werden. Dadurch aber mindert sich der Steuerwert der beiden Erbfälle in der Person des Einzelkindes (dem Elternteil des Enkelkindes) um jeweils 100 000 Mark, seine Erbschaftsteuer auf zweimal je 7000 Mark.

*Beteiligungs-Vermächtnis*

*Drei-Personen-*
*Gepräge-*
*gesellschaft*

Damit besteht die Geprägegesellschaft sodann aus drei Personen: nämlich aus der GmbH selbst, deren alleiniger geschäftsführender Gesellschafter nunmehr das allein erbende Enkelkind geworden ist, sowie
aus diesem allein erbenden Kind als Hauptgesellschafter und aus dem
Enkelkind (dem Vermächtnisnehmer) als Minderheitsgesellschafter.
Hierbei sollten die Großeltern als Gründer-Gesellschafter der Immobi-
lien-Gepräge-GbR darauf achten, dass der von ihnen eingesetzte Minderheitsgesellschafter keine zu starke Gesellschafterstellung erwirbt.

*Kinderloses*
*Ehepaar*

Ist allerdings – wie im Ausgangsfall – ein Ehepaar kinderlos und
kommt als Erbe etwa nur ein leitender Mitarbeiter in Betracht, mit
dem das Ehepaar nicht verwandt ist, können sich folgende Varianten
ergeben: 1. Die beiden Grundbesitzvermögen werden als Privatvermögen an den Fremden vererbt. Hierbei ergibt sich ein Steuerwert in
Höhe von jeweils 1,5 Millionen Mark (abzüglich persönlicher Freibetrag
Steuerklasse III in Höhe von 10 000 Mark). Auf einer angenommenen
Grundlage eines Steuersatzes von 35 Prozent beträgt die Erbschaftsteuer jeweils 521 500 Mark.

*Vererben von*
*Geprägegesell-*
*schaftsanteilen*

Werden jedoch statt des privaten Grundstücksbruchteileigentums
Geprägegesellschaftsanteile vererbt, ist wie folgt zu rechnen: 1,5 Millionen Mark abzüglich 0,5 Millionen Mark (Unternehmensnachfolgebe-
trag), ergibt 1 Million. Hiervon sind wiederum 40 Prozent Abschlag
(Unternehmensnachfolgeabschlag), d. h. 600 000 Mark und der Freibetrag in Höhe von 10 000 Mark (= 590 000 Mark) abzuziehen. Weiterer Vorteil des § 19 a ErbStG: Es wird stets und immer, gleichgültig wer
das Betriebsvermögen unentgeltlich erhält, nach den Steuersätzen der
Steuerklasse I versteuert. Im Beispielfall ergibt sich somit ein Steuersatz von 15 Prozent, die jeweilige Erbschaftsteuer beläuft sich somit
auf 88 500 Mark – anstatt der 521 500 Mark!

## Vertrauen ist gut, Absicherung ist besser

*Sicherheiten*
*einbauen*

Wer Immobilien schenkungsweise aus den Händen gibt, sollte dennoch
Sicherheiten in den Schenkungsvertrag einbauen, damit sein Wille,
diese Werte in der nachfolgenden Hand länger zu halten, in Erfüllung
geht bzw. er selber im Geschäftsleben noch eine gewisse Flexibilität
für sich erhält.

*Vorsicht:* Verschenkt ist verschenkt. Viele haben das schon bereut, besonders bei großen Vermögen. Denn manche Kinder bleiben nicht so nett, wie sie einmal waren (Beispiel: Vater macht seinen minderjährigen Sohn ohne Einschränkungen zum Mitgesellschafter seines Unternehmens. Mit 18 schließt sich der Sohn einer Sekte an und vermacht dieser sein ganzes Vermögen. Die Sekte wäre somit Mitgesellschafter des Betriebes geworden). Bauen Sie möglichst Notbremsen in den Schenkungsvertrag ein.

## Veräußerungsverbot

In einem Übergabevertrag kann vereinbart werden, dass der Überneh-mer das ihm überlassene Grundstück bis zu einem bestimmten Zeit-punkt oder auf Lebenszeit des Übergebers nur mit dessen Zustimmung veräußern darf. Eine derartige Vereinbarung erzeugt jedoch nur eine schuldrechtliche Verpflichtung des Übernehmers. Veräußert er das Grundstück trotzdem, so ist diese Verfügung dinglich wirksam und muss vom Übergeber hingenommen werden, der dann allenfalls Scha-denersatzansprüche gegen den Veräußerer des Grundstücks erheben kann (§ 137 BGB).

*Zustimmung erforderlich*

Will der Übergeber eine Veräußerung des Grundstücks unter allen Umständen verhindern, so kann er dies dadurch erreichen, dass er sich vom Übernehmer für den Fall der unbefugten Veräußerung einen Anspruch auf unentgeltliche Rückübertragung des Grundstücks einräu-men lässt. Diese bedingte Rückübertragungsverpflichtung kann durch Eintragung einer Vormerkung im Grundbuch gesichert werden (§ 883 BGB).

*Unentgeltliche Rückübertragung*

## Beleihungsvorbehalt

Übergibt ein Grundstückseigentümer seinen gesamten Grundbesitz im Wege der vorweggenommenen Erbfolge – bleibt er aber selbst noch geschäftlich tätig –, so kann es sich empfehlen, im Übergabevertrag eine bestimmte Verpflichtung des Übernehmers vorzunehmen. Danach könnte beispielsweise zur Sicherung von Krediten des Übergebers an den überlassenen Grundstücken vereinbart werden, Grundpfandrechte bis zu einer bestimmten Höhe eintragen zu lassen. Eine solche Ver-einbarung kommt insbesondere dann in Betracht, wenn der Übergeber nicht mehr in der Lage ist, anderweitige Sicherheiten für etwa zukünf-tig aufzunehmende Darlehen zu bieten.

*Eintrag von Grundpfandrechten*

**Weitere Gestaltung der Übertragung von Grundvermögen**

*Angst vor Übertragungen*

Wer über 20 oder 30 Jahre Hypothekendarlehen verzinst und getilgt hat, schreckt oft davor zurück, das ihm jetzt endlich wirklich gehörende Haus bereits wieder auf die Kinder zu übertragen. Eltern fürchten zum Beispiel, sich durch einen solchen Schritt von ihren Kindern abhängig zu machen, ihnen also etwa Miete zahlen zu müssen. Vielleicht möchten die Kinder das Haus auch ganz für sich und verlangen gar den Umzug in eine Mietwohnung. Oder sie befürchten gar zu große Rivalitäten oder Streit, wenn sie mit den Kindern unter einem Dach leben müssen – dann können die Gutmütigkeit und das eigene Haus schnell zum Gefängnis werden.

*Für eine klare Vertragsgestaltung sorgen*

Gegen solche Befürchtungen können sich die Eltern durch eine entsprechende Vertragsgestaltung absichern. Bevor es aber so weit ist, gilt: Das Haus sollte nicht übertragen werden (auch nicht wegen der eventuell immensen Steuervorteile!), wenn zwischen Eltern und Kind kein gutes Verhältnis besteht. Ein solcher Schritt würde wahrscheinlich nur neue Schwierigkeiten mit sich bringen. Aber selbst wer in harmonischen Familienverhältnissen lebt, kann durch eine klare Vertragsgestaltung viel Ärger vermeiden, denn die Vereinbarung kann individuell auf die Interessen beider Seiten zugeschnitten werden.

*Sicherungsklauseln*

Wer eine Immobilie bereits zu Lebzeiten auf sein Kind übertragen möchte, hat eine ganze Reihe verschiedener Gestaltungsmöglichkeiten, denn je nach Bedarf können Eltern so genannte Sicherungsklauseln in den Vertrag mit einbauen.

## Gestaltungsmöglichkeiten

*Reine Schenkungsvereinbarung:*

*Abschreibung möglich*

*Die Immobilie geht unentgeltlich über. Das Kind wird im Grundbuch eingetragen, alle Nutzungen und Lasten werden dadurch übertragen. Die Eltern haben keine weiteren Ansprüche aus der Immobilie. Nach zehn Jahren gibt es die Freibeträge erneut, die Abschreibung des Schenkers wird fortgeführt.*

### Schenkungsvereinbarung plus Wohnrecht:

*Die Eltern haben das Recht, einen Teil des Hauses zu bewohnen. Es wird durch Eintragung ins Grundbuch abgesichert, was jeden späteren Erwerber daran bindet. Das Wohnrecht ist nicht übertrag- oder vererbbar. Die Eltern tragen anteilig die laufenden Kosten. Die Schenkungsteuer wird bis zum Tod der Eltern in Höhe des Kapitalwerts des Wohnrechts gestundet. Für die von den Eltern weiter genutzte Wohnung können keine Werbungskosten mehr abgesetzt werden. Das geänderte Wohnrecht stellt keine Anschaffungskosten dar.*

*Keine Steuervorteile*

### Schenkungsvereinbarung plus Nießbrauch:

*Die Eltern können die Immobilie weiter selbst nutzen oder vermieten. Sie tragen die laufenden Kosten, Großreparaturen zahlt das Kind als neuer Eigentümer. Guter Schutz durch Grundbucheintragung. Keine Aufhebung bei Verkauf oder Zwangsversteigerung. Wichtig: Zusätzliche Absicherung durch dingliche Vereinbarung eines Rückübertragungsanspruchs für den Fall, dass das Kind stirbt. Steuer wird bis zum Tod der Eltern in Höhe des Kapitalwerts des Nießbrauchrechts gestundet.*

*Steuerstundung*

### Schenkungsvereinbarung plus Leibrente:

*Das Kind zahlt den Eltern vereinbarungsgemäß einen festen monatlichen Betrag. Die Höhe kann per Wertsicherungsklausel an die Entwicklung der Lebenshaltungskosten angepasst werden. Zur Sicherheit sollte der Anspruch als Reallast im Grundbuch eingetragen werden. Hinweis: Ist die Rente wie zwischen Fremden bemessen, liegt faktisch ein Kaufvertrag vor. Leibrente stellt keine Anschaffungskosten bei der Einkommensteuer dar. Liegt der Immobilienwert mindestens bei 50 Prozent des Kapitalwerts der Rente, kann das Kind den Ertragsanteil der Rente (= steuerpflichtiger Teil) als Sonderausgabe abziehen, die Eltern hingegen müssen diesen Ertragsanteil versteuern.*

*Beiderseitige Steuervorteile*

### Schenkungsvereinbarung plus dauernde Last:

*Grundsätzlich wie bei der Leibrente, die Zahlungen sind jedoch nicht fest und können deshalb sowohl an die Bedürfnisse der Eltern als auch an die Leistungsfähigkeit des Kindes angepasst werden. Die Vereinbarung ist allerdings riskant, wenn Eltern finanziell auf die Zahlung angewiesen sind. Ein Grundbucheintrag ist nur dann möglich, wenn die für die Zahlung maßgebenden Faktoren im Grundbuch genannt werden.*

*Riskante Vereinbarung*

Bei
Rückübertragung
Steuererstattung

**Schenkungsvereinbarung mit der Möglichkeit des Widerrufs:**

*Die Schenkung mit Widerrufsvorbehalt wird im Grundbuch durch Auflassungsvormerkung der Rückübertragung abgesichert. Der Widerruf kann entweder für bestimmte Fälle (z. B. bei Tod des Kindes, Veräußerung oder Belastung des Grundstücks) oder für jeden beliebigen Fall (d. h. frei) vereinbart werden. Eine zusätzliche Absicherung durch Nießbrauchrecht ist möglich. Die Schenkung kann jederzeit annulliert werden. Wird das Grundstück zurückübertragen, erstattet das Finanzamt die Steuern. Eine Schenkung unter freiem Widerrufsvorbehalt belässt das „wirtschaftliche Eigentum" bei den Eltern.*

## Unternehmerstrategien

### Die gesetzliche Erbfolge taugt nur ausnahmsweise

Trifft jemand über sein Vermögen durch Testament oder Erbvertrag, also durch „Verfügung von Todes wegen", keine anderweitige Regelung, so gilt die so genannte gesetzliche Erbfolge. Diese sieht stets vor, dass das Vermögen des Erblassers als Ganzes mit dem Todesfall automatisch auf den oder die Erben übergeht.

Mehrere Erben
bilden eine
Erbengemeinschaft

Sind – was in der Mehrzahl der Fälle zutrifft – mehrere Erben berufen, so bilden sie zusammen eine Erbengemeinschaft, wobei die so genannte Erbquote die Höhe der anteiligen Berechtigung an dieser Erbengemeinschaft ausweist. Wie hoch diese Erbquote ist, bestimmt sich danach, ob und in welchem Güterstand der Erblasser verheiratet war und welche Angehörigen er hinterlassen hat. Es gilt hier der Grundsatz, dass von Gesetzes wegen der Ehegatte stets erbt und dass sich der restliche Erbteil auf die Verwandten des Erblassers verteilt. Dabei schließen Kinder und sonstige Abkömmlinge des Erblassers die weiter entfernten Verwandten grundsätzlich von der Erbfolge aus.

Das Unternehmer-
testament

Hinterlässt der Erblasser Ehefrau und Kinder – bei der Aufstellung des Unternehmertestaments sicherlich der in der Praxis häufigste Fall – so ergeben sich in Abhängigkeit vom ehelichen Güterstand die entsprechenden Erbquoten. Da nach der gesetzlichen Erbfolge jedenfalls sämtliche Erben eine Erbengemeinschaft bilden und – unabhängig von ihrem Alter und ihrer Qualifikation – an sämtlichen Nachlassgegenständen gemeinschaftlich beteiligt sind, eignet sich die gesetzliche Erbfolge für den Unternehmer in aller Regel nicht. Erforderlich ist vielmehr in praktisch allen Fällen ein auf seine Bedürfnisse zugeschnittenes „Unternehmertestament".

## Die Devise heißt: aktiv werden

Die Rechtsnachfolge für Ihren unternehmerischen und privaten Sektor gestalten Sie über „letztwillige Verfügungen". Hier können Sie sich auf zwei Möglichkeiten stützen: zum einen das Testament, zum anderen den Erbvertrag. Sie sehen also: Verdrängen nach dem Motto „Mir wird schon nichts passieren" bringt nichts. Der oder die Nachfolger sind total überfordert, oder noch schlimmer: Das Unternehmen erlischt automatisch mit dem Tod des Inhabers. Geben Sie Ihrem Nachwuchs deshalb eine faire Chance.

*Erste Unternehmerpflicht: ein Testament*

Wollen Sie Ihr Lebenswerk im Generationenwechsel erfolgreich sichern, müssen Sie sowohl betriebliche als auch private Ziele miteinander vereinbaren, indem Sie das Fortbestehen des Betriebes und der Betriebssubstanz durch wirtschaftlich vertretbare Ausgleichszahlungen und Abfindungen an Erb- oder Pflichtteilsberechtigte gewährleisten. Des Weiteren die persönliche Haftung vor allem der nicht in führenden Positionen tätigen Familienmitglieder begrenzen, Ihr Vermögen sichern, noch zu Lebzeiten die Altersversorgung für sich und den Ehepartner regeln und einen gerechten Ausgleich zwischen den Kindern als Erben herbeiführen.

*Zweite Unternehmerpflicht: frühzeitig die Nachfolge planen*

Die Erfahrung zeigt, dass die meisten Unternehmer auch nach der Übergabe an einen Nachfolger auf nachträgliche Einkünfte aus dem Unternehmen angewiesen sind. Es müssen daher – zumindest für einen bestimmten Zeitraum – zwei Familien aus dem Unternehmen leben, nämlich einmal der scheidende Unternehmer, zum anderen der vorgesehene Unternehmensnachfolger. Die Prüfung der betrieblichen Rentabilität und Liquidität hat daher Vorrang. Es sollten nur solche Unternehmen im Generationenwechsel übergeben werden, die über die notwendige Mindestrendite verfügen.

*Der Wert des Unternehmens*

Unter diesem Aspekt sollten Sie auch Privatvermögen ansammeln: Zum einen, um hieraus später anteilig leben zu können, zum anderen aber auch, um Ausgleichsansprüche von Erben, die das Unternehmen nicht fortführen, zu decken. Das Unternehmen darf dabei im Erbgang

*Ausgleichsansprüche*

nicht überfordert werden. Prüfen Sie daher sorgfältig, ob die Rentabilität ausreicht, um alle Ansprüche zu decken. Überlassen Sie Ihr Unternehmen niemals der gesetzlichen Erbfolge. Denn Auswirkungen der gesetzlichen Nachfolge sind für das Unternehmen in den meisten Fällen verheerend.

*Handlungs-*
*unfähige*
*Erbengemeinschaft*

So bilden beispielsweise beim Tod eines Einzelunternehmers der Ehegatte und die minderjährigen Kinder eine Erbengemeinschaft, die praktisch handlungsunfähig ist. Denn die Kinder brauchen für ihre Entscheidungen einen vormundschaftlichen Beistand. Zudem müssen die Mitglieder der Erbengemeinschaft immer einstimmig handeln! Was passiert also, wenn der Unternehmer ohne Testament oder gesellschaftsrechtliche Vereinbarung stirbt?

- Einzelunternehmen: Ungeordnete Nachfolge, Erben müssen erst annehmen, daher fraglich: Wer wird der Nachfolger? Wer übernimmt die persönliche Haftung? Wer leitet den Betrieb?
- BGB-Gesellschaft: Stirbt ein Gesellschafter, wird die Gesellschaft nach § 727 BGB aufgelöst.
- OHG: Wird bei Tod eines Gesellschafters aufgelöst, wenn im Gesellschaftsvertrag nichts anderes geregelt wurde (§ 131 Nr. 4 HGB)
- KG: Stirbt der Komplementär, wird die Gesellschaft wie bei der OHG aufgelöst, wenn im Gesellschaftsvertrag nichts anderes geregelt wurde. Stirbt dagegen der Kommanditist, wird der Gesellschaftsanteil vererbt.
- Stille Gesellschaft: Wird bei Tod des Unternehmers aufgelöst, stirbt der Stille, wird das Unternehmen jedoch fortgeführt.
- GmbH: Der Gesellschaftsanteil wird vererbt, die Erbengemeinschaft kann Rechte daraus jedoch nur gemeinschaftlich ausüben (§ 181 GmbHG), die Gesellschaft besteht weiter.
- GmbH & Co.KG: Die GmbH- und die KG-Anteile werden vererbt, die Gesellschaft besteht weiter.
- AG: Die Aktien werden vererbt.

*Übergabe*
*gemeinsam*
*gestalten*

Sie sehen: In vielen Fällen hat der Tod des Inhabers zur Folge, dass das Unternehmen schon von Gesetzes wegen erlischt. Ist dies ausnahmsweise einmal nicht der Fall, dann führen Uneinigkeiten innerhalb der Erbengemeinschaft die Firma häufig in den Konkurs. Regeln Sie die Nachfolge daher durch Testament oder Erbvertrag.

# Nutzen Sie die Testierfreiheit

Nach deutschem Recht kann jeder frei bestimmen, wer sein Erbe sein soll. Man kann also beispielsweise einen entfernten Verwandten oder auch einen beliebigen Dritten zu seinem Alleinerben einsetzen, selbst wenn man Ehefrau und Kinder hinterlässt. Derartige Testamente sind allerdings in der Praxis die absolute Ausnahme.

Wichtig – insbesondere für den Unternehmer – ist die Frage, inwieweit er bei der Vermögensaufteilung innerhalb seiner Familie – in der Regel also bei der Aufteilung auf seinen Ehegatten und seine Kinder – „freie Hand" hat. Auch hier gilt grundsätzlich Testierfreiheit, allerdings sind bestimmte nahe Angehörige des Erblassers gegen beeinträchtigende testamentarische Verfügungen insoweit geschützt, als ihnen Pflichtteilsansprüche zustehen, wenn und soweit sie von der Erbfolge ausgeschlossen sind. Pflichtteilsberechtigt sind insoweit jedoch nur der Ehegatte des Erblassers, seine Kinder sowie seine Eltern. *Vermögens-aufteilung*

Soweit die genannten Personen im Einzelfall gesetzliche Erben wären, aber aufgrund einer Verfügung von Todes wegen nicht zur Erbfolge berufen sind, steht ihnen gegen den oder die Erben ein Pflichtteilsanspruch zu. Dieser Pflichtteilsanspruch ist ein Geldzahlungsanspruch, welcher der Höhe nach dem hälftigen Wert des gesetzlichen Erbteils entspricht. Praktisch bedeutet dies: Hinterlässt etwa der Erblasser ein Vermögen im Verkehrswert von 500 000 DM und setzt er testamentarisch einen seiner beiden Söhne als Alleinerben ein, (womit der andere automatisch enterbt ist), so hat der nicht zur Erbfolge berufene Sohn gegen seinen Bruder einen Pflichtteilsanspruch in Höhe von 125 000 DM. *Pflichtteils-anspruch*

Ebenso wie der Zugewinnausgleichsanspruch ist der Pflichtteilsanspruch ein sofort fälliger Zahlungsanspruch, der aus versteuertem Vermögen zu erbringen ist. Wird Unternehmensvermögen vererbt, so setzt mangels entsprechender testamentarischer Vorsorge auch die Bezifferung des Pflichtteilsanspruchs eine Bewertung des Unternehmens voraus. Die aus versteuertem Vermögen abfließende Liquidität fehlt oft dem Unternehmen zur Durchführung erforderlicher Investitionen. Aber auch Kreditgespräche mit der Bank zur Finanzierung des Pflichtteilsanspruchs gestalten sich schwieriger als bei Krediten zur Finanzierung betrieblicher Anschaffungen, da Letztere die Ertragskraft des Unternehmens stärken, während Erstere endgültig für das Unternehmen „verloren" sind. *Durchführung von Investitionen*

### „Gleichbehandlung um jeden Preis" – nicht ungefährlich

*Oft ungünstig: Das Testament auf Gegenseitigkeit*

Daraus folgt, dass die Gefahr von Pflichtteilsansprüchen rechtzeitig gesehen und nach Möglichkeit durch vorbeugende oder flankierende Maßnahmen gebannt werden muss. Man trifft zuweilen bei Unternehmern die Überlegung an, als „gerechter" Vater bzw. Ehemann wolle man Ehefrau und Kinder, zumindest aber die Kinder untereinander, absolut gleichbehandeln. Da man aber nie genau wisse, welchen Wert einzelne Vermögensgegenstände, beispielsweise das Unternehmen oder auch ein bestimmtes Hausgrundstück, jetzt bzw. im Versterbensfalle hätten, sei es doch wohl das Gerechteste, Ehefrau und Kinder alles gemeinschaftlich erben zu lassen, und zwar zu gleichen Quoten, ähnlich wie dies vom Gesetz ja auch im Rahmen der gesetzlichen Erbfolge vorgesehen sei.

Die Erfahrung lehrt jedoch, dass ein Unternehmer, der so denkt bzw. testiert, seinen Erben damit keinen Gefallen tut. Abgesehen von den mit der Bildung einer Erbengemeinschaft ohnehin entstehenden Nachteilen und Erschwernissen ist eine solche Denkweise dann geradezu fatal, wenn minderjährige Kinder vorhanden sind: In diesem Falle nämlich ist für bestimmte Entscheidungen, welche die Erbengemeinschaft und damit auch das oder die minderjährigen Kinder betreffen, die Zustimmung des Vormundschaftsgerichts erforderlich.

*Vormundschaftsgericht*

*Vertretung nicht erlaubt*

Der überlebende Ehegatte kann nämlich, da die Entscheidung auch ihn betrifft, nicht gleichzeitig die minderjährigen Kinder vertreten. Man braucht aber nicht viel Fantasie, um nachvollziehen zu können, dass die Entscheidungen des Vormundschaftsrichters, dem es in erster Linie auf möglichst große Sicherheit und möglichst wenig Risiko ankommen wird, nicht immer die Entscheidungen sind, die auch aus unternehmerischer Sicht geboten sind. Der Vormundschaftsrichter wird jedenfalls tendenziell dazu neigen, Investitionsentscheidungen eher kritisch und ablehnend gegenüber zu stehen oder jedenfalls erst dann seine Zustimmung zu erteilen, wenn die Konkurrenz bereits lange auf geänderte Marktgegebenheiten reagiert und somit „die Nase vorn" hat.

*Vorsorgetestament auf Gegenseitigkeit*

Um die unerwünschte Konsequenz zu vermeiden, empfiehlt es sich in „jüngeren" Ehen mit minderjährigen Kindern grundsätzlich, dass sich die Ehegatten gegenseitig zu alleinigen Erben einsetzen, möglicherweise als Nacherben die gemeinschaftlichen Kinder. Sind sodann die Kinder oder einzelne Kinder volljährig und zeichnet sich insbesondere ab, wer einmal der Unternehmensnachfolger sein könnte, sollte das „Vorsorgetestament auf Gegenseitigkeit", das somit seine Funktion

(Vorsorge für den Fall vorzeitigen Versterbens) erfüllt hat, auf die Bedürfnisse des speziellen Falles zugeschnitten werden.

Vor allem in dieser Phase stellt sich die Frage nach einem adäquaten Unternehmertestament. Dieses sollte von der grundsätzlichen Überlegung getragen sein, dass es unter Wahrung von Gerechtigkeit, die allerdings nicht mit Gleichmacherei verwechselt werden darf, dem längstlebenden Ehepartner wirtschaftliche Sicherheit, insbesondere für das Alter, gewährleistet; dem Unternehmer-Nachfolger dagegen sollte es eine tragfähige Übernahmemöglichkeit und den nicht ins Unternehmen nachrückenden Kindern angemessene Teile des (Privat-)Vermögens des Erblassers sichern. Dabei sollten die Kinder, die nicht in das Unternehmen nachrücken, zumindest so viel erhalten, dass der Wert der Zuwendung den Betrag des Pflichtteils übersteigt.

*Tipp:* *Besteht bereits Betriebsvermögen, ist es wichtig, es ungeteilt zu erhalten (nicht zu spalten). So sollte ein Firmeninhaber nicht das Geschäft an seinen Sohn und das Geschäftshaus an seine Töchter weitergeben. Wird nämlich aufgeteilt, wertet das Finanzamt das Gebäude als Privatvermögen. Dann wird der Marktwert mit dem Betrag verglichen, den das Gebäude ursprünglich kostete. Auf die Differenz sowie die bisher vorgenommenen Abschreibungen fallen dann kräftig Steuern an. Zudem sind durch Streit unter den Erben die Betriebe oftmals monatelang gelähmt, das Unternehmen verfällt, verliert an Wert oder geht sogar in die Pleite.*

## Formulierungshilfe

**Unternehmer-Testament mit Testamentsvollstreckung:**

Möchte ein Unternehmer, dass seine Anordnungen im Falle seines Ablebens befolgt werden, hat er die Möglichkeit, einen Testamentsvollstrecker zu bestimmen. Er formuliert wie folgt:

*„Ich ordne Testamentsvollstreckung an. Als Testamentsvollstrecker ernenne ich meinen Bruder E, wohnhaft in ... Für diese Tätigkeit erhält er aus dem Nachlass eine einmalige Zahlung in Höhe von 5000 Mark.“*

### Unternehmertestament mit Abfindungsklausel:

Möchte ein Unternehmer hingegen, dass sein Sohn die übrigen Erben auszahlt, wenn er die Firma übernimmt, sollte er dies wie folgt festlegen:

*„Derjenige Erbe, der in die Firma eintritt, soll die übrigen Erben in Höhe seines Firmenanteils entschädigen. Für die Höhe des Ausgleichs ist der Buchwert des Unternehmens im Zeitpunkt meines Todes maßgebend."*

### Unternehmertestament mit Teilungsanordnung:

Sind mehrere größere Vermögen vorhanden, kann ein Unternehmer bereits zu Lebzeiten bestimmen, wer was bekommen soll. So kann er beispielsweise bestimmen, dass sein erster Sohn die Firma übernehmen soll, sein zweiter ein Mietshaus mit Grundstück erhält und die Ehefrau ein Wohnhaus.

*„Der Nachlass soll wie folgt geteilt werden: Mein Sohn B bekommt sämtliche Anteile der Firma ... (Name, Rechtsform). Mein Sohn C erhält das bebaute Grundstück Gemarkung ..., Flur-Nr. ... Meine Gattin D bekommt das Wohnhaus Gemarkung ..., Flur-Nr. ..."*

Damit die Ehefrau – neben dem Wohnhaus – auch noch ausreichend versorgt ist, verpflichtet der Unternehmer seinen ersten Sohn, ihr monatlich 5000 Mark ab seinem Ableben zu überweisen. Dies soll – je nach steuerlichem Vorteil – als Rente bzw. als dauernde Last geschehen.

*„Mein Sohn B zahlt an meine Ehefrau D für die Dauer ihres Lebens eine monatliche Rente in Höhe von 5000 Mark. Die Zahlungen sind jeweils im Voraus zum 1. Werktag eines Monats fällig."*

Des Weiteren möchte der Unternehmer, dass sein zweiter Sohn und seine Ehefrau auf den Pflichtteil verzichten. Der Unternehmer weiß, dass hierdurch große finanzielle Probleme auf seinen ersten Sohn zukommen würden. Aber Achtung: Ein solcher Pflichtteilsverzicht wird nur dann wirksam, wenn diese Vereinbarung zwischen dem Erblasser und den Pflichtteilsberechtigten notariell beurkundet wurde. Ehefrau und Sohn erklären gegenüber dem Notar:

*„Hiermit verzichten wir, D sowie C, auf unseren gesetzlichen Pflichtteil am Nachlass des A, der den Verzicht hiermit annimmt."*

## Zweiseitig bindend und unwiderruflich – der Erbvertrag

Während Sie im Rahmen eines Testaments eine einseitige Verfügung über Ihren Nachlass treffen, die Sie jederzeit frei widerrufen können, handelt es sich bei einem Erbvertrag um einen zweiseitigen Vertrag, der grundsätzlich unwiderruflich ist. Mit Abschluss eines Erbvertrages schränken Sie damit Ihr Recht, letztwillige Verfügungen zu treffen, also Ihre Testierfreiheit, ein. So wie dies auch bei anderen Verträgen üblich ist, binden Sie sich an Ihre vertragliche Absprache.

Haben Sie bereits früher eine letztwillige Verfügung getroffen, die das Recht desjenigen, den Sie im Erbvertrag bedacht haben, beeinträchtigen würde, dann ist diese Verfügung insoweit aufgehoben (§ 2289 BGB). Treffen Sie später eine Verfügung, die dem Recht des im Erbvertrag Bedachten entgegensteht, dann ist diese ebenfalls unwirksam. Damit aber keine Missverständnisse aufkommen: Der Erbvertrag beschränkt Ihren Spielraum lediglich bei den letztwilligen Verfügungen, da sich die Vereinbarungen erst im Erbfall auswirken. Zu Lebzeiten können Sie über Ihr Vermögen frei verfügen. Mit anderen Worten: Derjenige, den Sie im Erbvertrag bedacht haben, muss auf sein Erbrecht warten. Ist der Tag gekommen, so muss er sich dann auch mit dem begnügen, was Sie bis dahin für ihn übrig gelassen haben.

*Der Bedachte muss auf sein Erbrecht warten*

Falls es die Parteien wünschen, können sie selbstverständlich neben dem Erbvertrag vereinbaren, dass bestimmte Gegenstände dem Erblasser bereits zu Lebzeiten nicht mehr zur Verfügung stehen (Verfügungsunterlassungs-Vertrag). Es hilft dem Bedachten aber wenig, wenn der Erblasser dann doch noch zu Lebzeiten sein Grundstück, seine Briefmarkensammlung oder das Familiensilber veräußert, obwohl diese Gegenstände eigentlich ihm zufallen sollten. Dann kann er allenfalls noch Herausgabe- oder Schadenersatzansprüche gegen den oder die Erben geltend machen.

*Verfügungs-unterlassungs-Vertrag*

In einem Erbvertrag kann eine Partei zugunsten der anderen Partei über ihren Nachlass verfügen, es können aber auch beide Parteien Verfügungen über ihren jeweiligen Nachlass treffen. Dabei können sie den jeweils anderen oder auch eine dritte Person bedenken. Ihr Gestaltungsspielraum für den Inhalt eines Erbvertrages ist allerdings gesetzlich eingeschränkt. Die vertragliche Wirkung kann sich nach § 1941 BGB nur auf die Einsetzung eines Erben, die Anordnung eines Vermächtnisses oder die Auferlegung einer Verpflichtung (Auflage) bezie-

*Gesetzlich eingeschränkter Gestaltungs-spielraum*

hen. Eine gegenseitige Bindung, die über diese Punkte hinausgeht, ist unwirksam.

**Für alle Fälle – Sichern Sie sich eine Rücktrittsmöglichkeit**
Der Inhalt eines Erbvertrags unterliegt im Rahmen der eben erwähnten Einschränkungen der freien Vereinbarung der Vertragsparteien. So ist es möglich, dass Sie als Erblasser den Vertrag mit einem Rücktrittsvorbehalt, mit Bedingungen oder Befristungen versehen. Allerdings dürfen Vorbehalte, Bedingungen und Befristungen nicht so weit gehen, dass überhaupt keine vertragsmäßige Bindung mehr bleibt, denn dann liegt kein Erbvertrag, sondern allenfalls ein Testament vor.

*Rücktritts-möglichkeit*

Auch ohne Rücktrittsvorbehalt räumt Ihnen das Gesetz eine Rücktrittsmöglichkeit ein, wenn sich der im Vertrag Bedachte einer schweren Verfehlung schuldig macht (§ 2294 BGB). Ein Rücktritt kommt danach in Betracht, wenn Verfehlungen vorliegen, die dem Erblasser bei einem Abkömmling den Entzug des Pflichtteils erlauben würden (§ 2333 BGB). Trachtet Ihnen also der Bedachte später nach dem Leben, begeht er Ihnen oder Ihrem Ehegatten gegenüber eine vorsätzliche körperliche Misshandlung, dann können Sie von Ihrer Verfügung zurücktreten.

*Aufhebungsvertrag*

Die durch den Erbvertrag eingegangenen Bindungen können Sie schließlich auch dadurch beseitigen, dass Sie mit dem Vertragspartner einen Aufhebungsvertrag schließen, damit werden dann die früheren Vereinbarungen kraftlos. Da der Aufhebungsvertrag aber nur persönlich zwischen den Parteien des Erbvertrages geschlossen werden kann, kann die Aufhebung nach dem Tod einer Person, die am Erbvertrag beteiligt war, nicht mehr erfolgen (§ 2290 BGB). An diese Formvorschriften sind Sie also beim Abfassen eines Erbvertrages gebunden:

*Bindungs-wirkungen*

▶ Als Erblasser können Sie einen Erbvertrag nur persönlich vereinbaren (§ 2274 BGB).

▶ Er muss zur Niederschrift eines Notars bei gleichzeitiger Anwesenheit beider Teile geschlossen werden. Der von Ihnen bedachte Vertragspartner kann sich aber durch eine andere Person vertreten lassen. Treffen aber beide Verfügungen über ihren jeweiligen Nachlass, müssen beide persönlich anwesend sein.

▶ Im Rahmen der Niederschrift können Sie Ihren letzten Willen gegenüber dem Notar mündlich erklären oder ihm auch ein entsprechendes Schriftstück übergeben, auf das dann in der Niederschrift verwiesen wird.

### Erbvertrag oder Testament?

Da ein gemeinschaftliches Testament immer nur zwischen Ehegatten vereinbart werden kann, bietet sich der Erbvertrag dann an, wenn Nichtehegatten ihren Nachlass vertraglich regeln und sich etwa wechselseitig bedenken wollen. Dabei sollten Sie sich jedoch darüber im Klaren sein, dass der Erbvertrag als zweiseitiges Rechtsgeschäft eine stärkere Bindungswirkung entfaltet als das einseitig zu erklärende und zu widerrufende Testament.

Der Unternehmer, der mit Hilfe eines Erbvertrages seine Nachfolge absichern will, muss sich aber vor Abschluss des Erbvertrages ganz genau im Klaren sein, welche Regelungen er treffen will. Schwankt er noch in seinen Ansichten und hat er sich noch keine feste Meinung gebildet, so könnte unter Umständen einem widerruflichen Testament, errichtet in notarieller Form, der Vorzug gegeben werden. Andererseits befreit der unwiderrufliche Erbvertrag den Erben von Ungewissheiten. *Widerrufliches Testament*

Allgemein wird man sagen können, dass der Erbvertrag in der Regel nur für den älteren Unternehmer in Betracht kommen wird, wenn die Entwicklung der Verhältnisse so weit ausgereift ist, dass mit hinreichender Wahrscheinlichkeit Änderungen oder Modernisierungen der Anordnungen nicht mehr nötig werden oder dass sie wegen des Alters oder des Gesundheitszustandes des Seniors nicht mehr ratsam sind. Ferner muss der Erbvertrag dann empfohlen werden, wenn die Gefahr besteht, dass evtl. benachteiligte Erben danach trachten, die letztwillige Verfügung des Unternehmers zu ihren Gunsten zu ändern. *Benachteiligte Erben*

## So gehen Personengesellschafter vor

Bei Personengesellschaften hängen die steuerlichen Folgen im Erbfall nicht allein von den Testamenten, sondern entscheidend von den Nachfolgeregelungen in den Gesellschaftsverträgen ab. Was ist also zu tun?

▶ **Wenn kein Erbe Nachfolger wird:** Fortsetzungsklausel vereinbaren. Ist im Gesellschaftsvertrag bestimmt, dass beim Tod eines Gesellschafters die übrigen Beteiligten die Firma weiterführen, werden die Erben nicht Gesellschafter. Ihnen steht deshalb in aller Regel eine Abfindung zu, deren Differenz zum Kapitalkonto dem Erblasser zugerechnet wird. Er schuldet darauf Einkommensteuer, begünstigt nach der „Fünftel-Regelung", zu zahlen von den Erben. *Fortsetzungsklausel*

## Formulierungshilfe

*„Beim Tod eines Gesellschafters wird die Gesellschaft zwischen den verbleibenden Gesellschaftern fortgesetzt."*

*Einfache
Nachfolgeklausel*

▶ **Wenn nur einer nachfolgen will:** Einfache Nachfolgeklausel festlegen. Stellt der Gesellschaftsvertrag sicher, dass beim Tod eines Gesellschafters das Unternehmen mit seinen Erben fortzuführen ist, wird jeder einzelne Erbe mit dem Tod des Gesellschafters sofort Mitunternehmer. Das kann zur Steuerfalle werden. Einigt sich die Familie nach dem Erbfall darauf, dass etwa allein die Tochter den Firmenanteil übernehmen soll, handelt es sich um einen schlichten Verkauf von Mitunternehmeranteilen durch die übrigen Erben (Mutter und Bruder) an die Schwester. Steuerfolge: Mutter und Bruder realisieren dabei einen Veräußerungsgewinn, auf den sie Einkommensteuer zahlen müssen („Fünftel-Regelung").

## Formulierungshilfe

*„Beim Tod eines Gesellschafters wird die Gesellschaft mit seinen Erben fortgesetzt. Die Mitgliedschaft des verstorbenen Gesellschafters geht auf die Miterben zu den den Erbteilen entsprechenden Teilen über."*

*Eintrittsklausel*

▶ **Wenn die Erben nachfolgen:** Eintrittsklausel vorsehen. Räumt der Gesellschaftsvertrag bei Tod eines Gesellschafters dessen Erben die Möglichkeit ein, Gesellschafter zu werden, passiert steuerlich (außer Erbschaftsteuer) nichts, wenn die Nachkommen tatsächlich in das Unternehmen eintreten. Nehmen dagegen die Erben ihre Option auf Gesellschafternachfolge nicht in Anspruch, entsteht ein steuerpflichtiger Veräußerungsgewinn (Differenz zwischen tatsächlichem Wert und Buchwert des Anteils) beim Verstorbenen. Folge: Einkommensteuer, begünstigt nach der „Fünftel-Regelung".
Zahlen müssen freilich die Erben als Rechtsnachfolger des Erblassers. Sie können diese Steuerschuld als Nachlassverbindlichkeit erb-

schaftsteuermindernd verrechnen. Steht bereits fest, dass etwa die Tochter nicht in das Unternehmen eintreten will, teilen Sie ihr testamentarisch Erbanteile aus dem Privatvermögen zu. So sind schlimme Steuerfolgen vermeidbar.

▶ **Wenn nur einer nachfolgen darf:** Qualifizierte Nachfolgeklausel festlegen. Bestimmt der Gesellschaftsvertrag, dass nur einer der Erben nachrücken darf – etwa um den Gesellschafterkreis eng zu halten –, gibt es rein rechtlich Probleme, wenn das Testament den Beschränkungen des Gesellschaftsvertrages folgt. Die steuerlichen Konsequenzen hingegen sind infolge der neuen Rechtsprechung umstritten und deshalb unkalkulierbar. Ungewiss ist, ob das Finanzamt etwa erhöhte Abschreibungen beim Unternehmer-Erben, der weitere Erben auszahlt, anerkennt, und ob bei den ausgezahlten Erben ein steuerpflichtiger Veräußerungsgewinn entsteht. Das Risiko der finanziellen Folgen bei Erbauseinandersetzung lässt sich verringern, indem die Familien einen internen Steuerlastenausgleich vereinbaren (Steuerklausel). Die Höhe des Abfindungsausgleichs richtet sich dann nach den tatsächlich anfallenden Einkommensteuern bei allen Erben.

*Qualifizierte Nachfolgeklausel*

## So gehen GmbH-Gesellschafter vor

Bei GmbHs sehen die steuerlichen Folgen im Erbfall grundsätzlich anders aus als bei den übrigen Unternehmen. GmbH-Beteiligungen gehören in aller Regel zum Privatvermögen und sind nicht abschreibbar. Daher führen Abfindungen beim Unternehmensnachfolger nicht zu erhöhtem Abschreibungsvolumen, auch wenn die beim Empfänger ausgezahlten Miterben steuerpflichtig sind (nämlich dann, wenn die Anteile des Seniors an der GmbH über 25 Prozent liegen).

*Kein erhöhtes Abschreibungsvolumen*

▶ **Wenn einer die anderen auszahlen will:** Zweite GmbH gründen. Mit einem genialen Schachzug erreicht die Tochter und Firmennachfolgerin, dass sie die Abfindungen als zusätzliche Anschaffungskosten in der Firma steuersparend abschreiben kann. Mit dem Erwerb der zwei Drittel GmbH-Anteile von Mutter und Bruder gründet sie eine neue, zweite GmbH, die zu 100 Prozent die Anteile der alten GmbH sowie deren gesamten Geschäftsbetrieb erwirbt. In Höhe des dabei entstehenden Veräußerungsgewinnes wird das Abschreibungsvolumen aufgestockt. Vorteil: Die neue GmbH kann von der erhöh-

*Gründung einer zweiten GmbH*

ten Basis steuersparend abschreiben. Und die Kreditkosten für die Abfindungen kann die Tochter auch hierbei als Werbungskosten abziehen.

*Vermächtnis statt Erbauseinandersetzung*

▶ **Wenn nur ein Erbe in die GmbH soll:** Vermächtnis formulieren. Der Unternehmer (Alleingesellschafter der GmbH) setzt seine Tochter testamentarisch als Alleinerbin ein und legt ihr als Vermächtnis auf, Mutter und Bruder eine Abfindung zu zahlen. Damit entfällt die Erbauseinandersetzung. Bei Mutter und Bruder entsteht kein steuerpflichtiger Veräußerungsgewinn, es fällt keine Einkommen- und Kirchensteuer an. Allerdings kann die Tochter als Firmennachfolgerin nicht wie im ersten Modell das Abschreibungsvolumen aufstocken, die Abfindungen führen nicht zu Steuerersparnissen. Ein Zinsabzug ist ausgeschlossen, was dann nicht von Nachteil ist, wenn die Abfindungen aus vorhandenem Privatvermögen (also nicht kreditfinanziert) zahlbar sind.

*Satzungsbestimmung*

Als Gegenwert steht dem Erben der Verkehrswert des Gesellschaftsanteils zu. Es ist möglich, in der Satzung die Höhe des Entgelts festzulegen (§ 15 GmbHG). Zulässig ist auch eine für alle Gesellschafter geltende Satzungsbestimmung, wonach beim Tod eines Gesellschafters dessen Geschäftsanteil eingezogen werden kann (BGH, Az. II ZR 115/75, OLG München, Az. 23 U 1899/84).

## Formulierungshilfe

*„Erwirbt jemand, der nicht Abkömmling oder Ehegatte eines Gründungsgesellschafters ist, einen Geschäftsanteil oder einen Teil eines solchen, so kann dieser Geschäftsanteil oder Teil eines solchen von der Gesellschaft entschädigungslos eingezogen werden."*

*Erbanteile aus dem Privatvermögen*

Steht hingegen bereits fest, dass etwa die Tochter nicht in das Unternehmen eintreten will, teilen Sie ihr testamentarisch Erbanteile aus dem Privatvermögen zu. So sind schlimme Steuerfolgen vermeidbar. Ein Erbe eines GbR-Gesellschafters hat dagegen kein vergleichbares Wahlrecht. Will der Erbe eines GbR-Gesellschafters die Gleichstellung und die damit verbundenen Haftungsrisiken vermeiden, muss er die Erbschaft ausschlagen (§§ 1942 ff. BGB). Sodann tritt an die Stelle des ausschlagenden Erben der im Testament oder im Gesetz vorgesehene Ersatzerbe, und dieser wird auch Nachfolger in der Gesellschaft.

## So gehen Sie mit dem Privatvermögen vor

Ist außer der Firma noch größeres Privatvermögen vorhanden, lässt sich der Nachlass in aller Regel viel einfacher unter den Erben aufteilen. Auch ermöglicht die Rechtslage lukrative Steuergestaltungen. Vermieteter Grundbesitz, über den sich die Erben per Abfindung auseinandersetzen, wird zum reinen Steuersparmodell. Voraussetzung ist, dass die Testamente sowie die Vereinbarungen unter den Erben auf die Rechtslage abgestimmt sind.

*Abstimmung auf Rechtslage*

▶ **Wenn ein Erbe selbst Unternehmer ist:** Sachabfindung. Zum Nachlass gehört ein Einzelunternehmen (Wert vier Millionen Mark), zu dessen Betriebsvermögen ein Grundstück (Wert zwei Millionen Mark) zählt, sowie ein Privathaus (Wert 800 000 Mark) zuzüglich Wertpapiere und Aktien (Wert 1,2 Millionen Mark). Sohn und Tochter (selbstständige Unternehmerin) sollen zu gleichen Teilen erben. Steuergünstige Gestaltung: Die Mutter erhält das Privatvermögen im Wert von zwei Millionen Mark, der Sohn die Firma. Die Tochter bekommt statt einer Barabfindung in Höhe von zwei Millionen Mark laut Testament das Firmengrundstück, das sie zu Buchwerten in ihr eigenes Betriebsvermögen einlegt. Unter dieser Voraussetzung löst die Sachabfindung im Unterschied zur Barabfindung keinen steuerpflichtigen Veräußerungsgewinn aus, Einkommensteuer entfällt. Anders, wenn die Tochter das Grundstück privat nutzt. Dann werden die stillen Reserven steuerpflichtig.

*Sachabfindung ist kein steuerpflichtiger Veräußerungsgewinn*

▶ **Wenn das Erbe aus Immobilien besteht:** Miethaus. Der Vater vererbt Sohn und Tochter ein Mietwohngrundstück im Wert von zwei Millionen Mark mit darauf lastenden Schulden in Höhe von 500 000 Mark. Die Firma hatte er schon vor Jahren gegen eine Versorgungsrente veräußert. Steuergünstige Gestaltung: Weil der Sohn für eine beabsichtigte Existenzgründung Geld braucht, lässt er sich seinen Erbteil in Höhe von 750 000 Mark auszahlen. Die Schwester gewinnt in derselben Höhe zusätzliches Abschreibungsvolumen, das – neben den absetzbaren Schuldzinsen – kräftig Steuern spart. Beim Bruder entsteht kein steuerpflichtiger Veräußerungsgewinn, sofern die so genannte

*Auszahlung des Erbteils*

Spekulationsfrist vorüber ist, wobei die Besitzzeit beim Vater mitzählt. Im Ergebnis reine Steuerersparnis. Fazit: Ein gezielter Erwerb hoch verschuldeter Immobilien kann den Angehörigen im Erbfall beachtliche Vorteile bei der Steuer bringen.

## Einsetzung eines Testamentsvollstreckers

Gerade für einen Unternehmer kann es Sinn machen, einen Dritten mit der Durchsetzung des letzten Willens zu beauftragen. Er kann so über den Tod hinaus sein Unternehmen lenken und für die geordnete Abwicklung seines Nachlasses sorgen. Dafür ist allerdings die Palette der Möglichkeiten, die das deutsche Recht bietet, sehr breit. Denn nicht nur natürliche, sondern auch juristische Personen (beispielsweise GmbHs) können in dieses Amt berufen werden. Auf der anderen Seite muss von einer Testamentsvollstreckung abgeraten werden, wenn eine so genannte Betriebsaufspaltung vorgenommen und dabei der Immobilienbesitz des Unternehmens auf eine Gesellschaft bürgerlichen Rechts übertragen wurde und diese Besitzgesellschaft wiederum die Immobilien an das eigentliche Unternehmen, das als Betriebsgesellschaft fungiert, verpachtet.

*Nicht ratsam bei Betriebs- aufspaltung*

Der Haken dabei: Hier greift die Testamentsvollstreckung nicht, weil die Erben und nicht der Vollstrecker das Stimmrecht in der Besitzgesellschaft ausüben müssen. Hätte der Erblasser auf einer Testamentsvollstreckung bestanden, wären die steuerlichen Vorteile dieser Konstruktion verloren gegangen.

*Steuerliche Vorteile gehen verloren*

Des Weiteren wird Unternehmern ausdrücklich davon abgeraten, lediglich einen Steuerberater oder Rechtsanwalt als Vollstrecker einzusetzen. Denn besonders bei einer Dauervollstreckung, wenn ein Unternehmen nicht nur verkauft, sondern auch noch eine Zeit lang fortgeführt werden soll, fehlt oftmals den Rechts- und Steuerkundigen die Qualifikation. Ein Jurist ist von der Ausbildung her schon zu konservativ. Und dort, wo ein Unternehmer auf Risiko setzt und weitermacht, stellt ein Rechtsanwalt seine Tätigkeit ein, weil er befürchtet, mit dem Gesetz in Konflikt zu geraten.

*Fehlende Qualifikation bei Dauervollstreckung*

In solchen Fällen bieten sich exzellente Manager als Testamentsvollstrecker an. Aber auch hier gibt es ein Problem: Ein angestellter Manager sollte sich auf das operative Geschäft konzentrieren. Deshalb ist es besser, den Vollstrecker in den Aufsichtsrat oder Beirat eines

Unternehmens zu setzen. Bei größerem Vermögen ist es zudem ange-
bracht, mehrere Personen mit diesem Amt zu betrauen. Eine Garantie
für die erforderliche Fortführung des Lebenswerkes eines Unternehmers
bieten jedoch alle diese Maßnahmen nicht.

Übrigens: Nach § 2221 BGB kann der Testamentsvollstrecker für die
Führung seines Amtes eine angemessene Vergütung verlangen, sofern
der Erblasser nichts anderes bestimmt hat.

Ansonsten stellt das Gesetz nur klar, dass der Vollstrecker seine
Auslagen ersetzt bekommt. Will ein Unternehmer sparen, so tut er gut
daran, seinem Vollstrecker die Arbeit mit der so genannten Konstituierung des Nachlasses abzunehmen und seinem Testament eine
detaillierte Aufstellung des Vermögens beizufügen. Unterlässt er dies,
kann der Vollstrecker sowohl für die Ermittlung des Nachlassvermögens
als auch für die Abwicklung des Nachlasses jeweils eine volle Vergütung beanspruchen.

*Konstituierung des Nachlasses*

## Stiftung

Der Erblasser kann eine gemeinnützige Stiftung damit beauftragen,
sein Unternehmen zu verwalten. Der Vorteil: Der Betrieb ist in guter
Hand, Steuern fallen keine an, solange die Einrichtung als gemeinnützig anerkannt ist. Weiterer Bonus: Der Stifter kann sich 30 Prozent der
Erträge für seinen Unterhalt oder den seiner Angehörigen auszahlen
lassen. Nicht gemeinnützige Familienstiftungen hingegen kommen
schlechter weg, denn sie müssen alle 30 Jahre Schenkungs- oder Erbschaftsteuer zahlen.

*Fester Fahrplan für die Unternehmens-zukunft*

Die Stiftung bietet die größtmögliche Einflussnahme auf die
Zukunft des Unternehmens durch den Senior-Unternehmer. Um Nach-
folgeprobleme infolge zerstrittener Familienverhältnisse oder fehlen-
der Erben zu vermeiden, bietet sich die Stiftung an. Sie sichert den
Unternehmensfortbestand, lässt die Familie außen vor und sorgt dennoch für die finanzielle Absicherung der Hinterbliebenen. Sie ist allerdings nicht für jedes Unternehmen geeignet.

Die Stiftung selbst
▶ erfordert eine außerordentlich sorgfältige Vorbereitung, denn die
vom Unternehmer festgelegte Satzung kann in der Regel nicht nach-
gebessert werden;

*Zu beachtende Punkte*

▶ verhindert laut Satzung jeglichen Einfluss der Familie bzw. Hinterbliebenen auf den Unternehmensablauf;

▶ gehört sich selbst; das heißt beispielsweise, es können keinerlei Eigentumsansprüche von Seiten der Erben gestellt werden;

▶ dient ausschließlich der Verwirklichung des Stifterzwecks, wobei jeder auf Dauer gerichtete Zweck in Betracht kommt;

▶ kommt nur für langjährig bestehende Unternehmen in Betracht, deren Branchen keinem schnellen Wandel unterliegen;

▶ kann nur aus Unternehmen errichtet werden, deren Wert mindestens 50 000 bis 100 000 DM beträgt; in der Praxis liegt die Höhe des Stiftungsvermögens allerdings bei mindestens 500 000 DM;

▶ besitzt folgende Organe: Vorstand (Geschäftsführung), bestellt vom Stiftungsrat (Kuratorium o.Ä.) oder berufen durch Satzung (also vom Stifter).

*Vorteile*

Die Unternehmenskontinuität wird langfristig gesichert durch den nahezu unveränderbaren Stiftungszweck: keine unvorhergesehenen oder unangemessenen Entnahmen, keine spekulativen oder überzogenen unternehmerischen Aktivitäten, dauerhafter Erhalt des Unternehmensvermögens und nur satzungsgemäße Verwendung der Erträge. Langfristig kann Vermögen konzentriert werden, d. h. eine Zersplitterung von Anteilen durch Erbfolge kann vermieden werden. Daneben bleibt die Versorgung von Angehörigen auch bei Gemeinnützigkeit möglich. Nach Ablauf der 10-Jahresfrist bestehen keine Erb- und Pflichtteilsansprüche. Die Liquidität des Betriebs wird nicht gefährdet. Einen besonderen Vorteil bietet die gemeinnützige Stiftung (der Stifterzweck muss ausschließlich gemeinnützig sein), da keinerlei Steuern anfallen.

*Nachteile*

Aber: Die Stiftung denkt nicht unternehmerisch, sie vermeidet jegliche Risiken, lässt keinerlei aktiven oder kreativen Impulse zu und betreibt auch keine zukunftssichernde Vorausschau. Um diesen Nachteilen vorzubeugen, empfehlen sich so genannte Doppelstiftungen oder die Stiftung & Co. KG.

# Im Erbfall

*Plötzlich ist er da – der Erbfall. Der Erblasser ist gestorben und Sie stehen vor der Frage: Was jetzt? Dazu müssen Sie sich erst einmal darüber klar werden, was als Erbe auf Sie zukommt, um dann zu entscheiden, wie Sie sich verhalten wollen. Sie können das Erbe annehmen, aber auch ausschlagen.*

## Mehrere Erben

*Gesamthands-/ Bruchteils- gemeinschaft*

Sind mehrere Personen gemeinsam zu Erben berufen, so bilden sie eine so genannte Erbengemeinschaft gemäß § 2032 Abs. 1 BGB, die in ihrer rechtlichen Natur eine Gesamthandsgemeinschaft darstellt. Der Gegensatz einer Gesamthandsgemeinschaft ist die Bruchteilsgemeinschaft gemäß den §§ 741 ff. BGB. Daran können Sie erkennen, dass bei einer Gesamthandsgemeinschaft allen Beteiligten an dieser Gemeinschaft die einzelnen Rechte ungeteilt zustehen und dass Sie als Miterbe lediglich bestimmte Anteile an dem Nachlass als Ganzem – jedoch nicht an einzelnen Teilen – haben (§ 2033 Abs. 1 Satz 1 BGB). Diesen Anteil nennt man Erbteil.

*Veräußerungs- rechte*

Wenngleich Sie nicht über Teile Ihres Erbes verfügen können, so sind Sie doch befugt, Ihren Erbteil insgesamt an einen Dritten zu veräußern. Der Vertrag bedarf dann der notariellen Beurkundung. Damit würde ein Außenstehender in die Erbengemeinschaft eintreten, was nicht immer im Sinne der Miterben sein wird. Aus diesem Grund räumt ihnen das Gesetz ein Vorkaufsrecht ein, das sie binnen drei Monaten nach Unterrichtung über den vorgesehenen Verkauf ausüben können.

*Gemeinsame Verwaltung*

Die Mitglieder der Erbengemeinschaft verwalten den Nachlass gemeinsam. Sie müssen alle Entscheidungen, die in diesem Zusammenhang zu treffen sind, gemeinsam herbeiführen. Verweigert ein Miterbe seine Zustimmung zu einer Entscheidung, muss er gegebenenfalls auf Zustimmung verklagt werden. Eine Mehrheitsentscheidung der übrigen Mitglieder der Erbengemeinschaft reicht nicht aus.

### Nachlassverbindlichkeiten und Erbengemeinschaft

*Haftung als Gesamtschuldner*

*Bei Bestehen einer Erbengemeinschaft haften die Miterben grundsätzlich als Gesamtschuldner für die gemeinschaftlichen Nachlassverbindlichkeiten (§ 2058 BGB). Bis zur Teilung des Nachlasses können die Nachlassgläubiger Befriedigung aus dem ungeteilten Nachlass von sämtlichen Miterben verlangen (§ 2059 Abs. 2 BGB). Dieser kann sie aber grundsätzlich auf seinen Anteil am Nachlass verweisen (§ 2059 Abs. 1 BGB). Die Miterben haften zwar auch noch nach der Auseinandersetzung, sie haften dann aber nur noch als Teilschuldner entsprechend ihren Erbteilen.*

Folgendes gilt bei Steuerschulden des Erblassers gegenüber dem Finanzamt: Bei Gesamtrechtsnachfolge gehen die Forderungen und Schulden aus dem Steuerschuldverhältnis auf den Rechtsnachfolger über. Dies gilt jedoch bei der Erbfolge nicht für Zwangsgelder. Erben haben demnach für die aus dem Nachlass zu entrichtenden Schulden nach den Vorschriften des bürgerlichen Rechts über die Haftung des Erben für Nachlassverbindlichkeiten einzustehen. Vorschriften, durch die eine steuerrechtliche Haftung der Erben begründet wird, bleiben davon unberührt.

*Steuerschulden gehen auf Rechtsnachfolger über*

Der Erbe tritt als Gesamtrechtsnachfolger des Erblassers mit Eintritt des Erbfalles in die rechtliche Stellung seines Vorgängers ein (§ 1922 BGB, § 45 Abs. 1 Satz 1 AO). Die Auskünfte, die dem Erblasser selbst aus seinen Steuerakten erteilt werden durften, dürfen deshalb grundsätzlich auch dem Erben erteilt werden, ohne dass hierdurch das Steuergeheimnis berührt wird. Sind mehrere Erben vorhanden, so ist jeder einzelne Erbe Gesamtrechtsnachfolger des Erblassers, d. h. zur Auskunftserteilung an einen Erben über die steuerlichen Verhältnisse des Erblassers bedarf es grundsätzlich nicht der Zustimmung der übrigen Miterben (BMF-Schreiben, Az. IV A 7 – S 0130-18/81). Der auskunftssuchende Erbe hat sich lediglich und erforderlichenfalls durch Erbschein auszuweisen. Vermächtnisnehmer, Pflichtteilsberechtigte sowie Erbersatzanspruchberechtigte zählen jedoch nicht zu den Gesamtrechtsnachfolgern, ihnen darf daher keine Auskunft erteilt werden!

## Auseinandersetzung der Erbengemeinschaft

Grundsätzlich ist jeder Miterbe zu jedem Zeitpunkt befugt, die Auseinandersetzung der Gemeinschaft zu verlangen. Es gibt aber auch Ausnahmen. Soweit die Erbteile wegen der zu erwartenden Geburt eines Miterben noch unbestimmt sind, muss erst die Klärung dieser Frage abgewartet werden. Des Weiteren kann die Auseinandersetzung durch letztwillige Verfügung des Erblassers ausgeschlossen sein. Dies ist bis zu 30 Jahre ab dem Erbfall statthaft. Allerdings können sich die Erben darüber hinwegsetzen, wenn sie sich einig darüber sind.

*Auseinandersetzung grundsätzlich jederzeit*

> ### Beispiel
>
> *„Hiermit bestimme ich, dass meine Erben mein Geschäftsgrundstück zum Zwecke der Auseinandersetzung nicht veräußern dürfen, solange meine Ehefrau noch lebt. Verlangt einer der Erben trotzdem vorzeitig die Auseinandersetzung wegen eines wichtigen Grundes, so soll er nur den Pflichtteil erhalten."*

## Ausgleichungspflicht bei der Auseinandersetzung

*Zuwendungen ohne entsprechende Gegenleistung*

Bei der Nachlassauseinandersetzung wird nicht nur der Nachlass, sondern auch das berücksichtigt, was der Erblasser schon zu seinen Lebzeiten einzelnen Abkömmlingen zugewendet hat. Dabei ist nicht erforderlich, dass die Zuwendungen unentgeltlich gemacht wurden, vielmehr genügt jede wirtschaftliche Maßnahme, der keine entsprechende Gegenleistung gegenübersteht (beispielsweise Zuwendungen zur Begründung oder Erhaltung eines Geschäfts oder einer selbstständigen Lebensstellung, Zuschüsse [regelmäßige Leistungen, nicht hingegen Zuschuss zur Urlaubsreise], Aufwendungen für die Vorbildung zu einem Beruf [Kosten für Universitäts- oder Fachhochschulstudium]).

*Ausschluss der Ausgleichspflicht durch Testament*

Aufwendungen für den Besuch einer allgemein bildenden höheren Schule sind hingegen nicht ausgleichungspflichtig! Die Ausgleichung wird nur unter den Abkömmlingen, nicht hingegen bei anderen Miterben, vorgenommen. Für die Wertbestimmung ist der Zeitpunkt der Zuwendung maßgebend. Nutzungen, Zinsen, Wertsteigerungen oder -minderungen bleiben außer Betracht! Zu berücksichtigen ist lediglich die Geldentwertung (herrschende Rechtsprechung!). Soll die Ausgleichungspflicht ausgeschlossen werden, kann der Erblasser dies nur durch Verfügung von Todes wegen (Testament) erreichen.

*Versteigerung*

Nach dem Gesetz wird nämlich jeder Erbe Miteigentümer an jedem einzelnen Erbschaftsgegenstand und ist als solcher berechtigt, die Gegenstände zum Zwecke der Auseinandersetzung zur Versteigerung zu bringen. Handelt es sich hierbei z. B. um ein Geschäftsgrundstück, kann das Unternehmen der Familie schnell verloren gehen. Denn es kann von einem Dritten, aber auch von einem vermögenden Erben zum Schaden der anderen aufgekauft werden.

## Beispiel

*Erben des A sind seine Witwe B zur Hülfte, die beiden Söhne C und D sowie die Tochter E zusammen zur anderen Hälfte, also je zu $\frac{1}{6}$ des Nachlasses. Der Gesamtnachlass beträgt 90 000 Mark. Die Studienkosten für den Sohn C betrugen 25 000 Mark, dem Sohn D wurde für 15 000 Mark ein Geschäft eingerichtet und die Tochter E erhielt anlässlich ihrer Verheiratung eine Ausstattung von 35 000 Mark.*

*Vom Nachlass ist nun zuerst der Erbteil der Witwe B mit 45 000 Mark abzuziehen. Ohne Berücksichtigung der Ausgleichungspflicht würden von den restlichen 45 000 Mark die drei Kinder je 15 000 Mark erhalten. Zwecks Berechnung der Ausgleichung werden dem auf die Kinder entfallenden Restnachlass von 45 000 Mark die Zuwendungen an C von 25 000 Mark, an D von 15 000 Mark und an E von 35 000 Mark zugerechnet.*

*Zur rechnerischen Verteilung kommen also 45 000 + 25 000 + 15 000 + 35 000 Mark, also insgesamt 120 000 Mark, wovon auf jedes Kind 40 000 Mark entfallen. Tatsächlich erhält*

| | |
|---|---:|
| *der Sohn C     (40 000 ./. 25 000)* | *15 000 DM* |
| *der Sohn D     (40 000 ./. 15 000)* | *25 000 DM* |
| *die Tochter E  (40 000 ./. 35 000)* | *5000 DM* |
| *verbleiben:* | *45 000 DM* |
| *zuzüglich des Anteils der Witwe B* | *45 000 DM* |
| *ergibt wieder den Gesamtnachlass in Höhe von* | *90 000 DM* |

# Erbenhaftung und Nachlassverbindlichkeiten

Eine Erbschaft macht nicht immer reich. Im Gegenteil, sie kann auch aus Schulden bestehen. Allerdings ist niemand dazu verpflichtet, Erbe zu werden. Er kann eine Erbschaft annehmen oder ausschlagen (siehe nächsten Abschnitt). Wer die Erbschaft annimmt, haftet mit seinem Vermögen für alle Nachlassverbindlichkeiten – er kann aber seine Haftung auf den Nachlass beschränken (beschränkte Erbenhaftung). Es gibt drei Arten von Nachlassverbindlichkeiten.

*Annahme/ Ausschlagung*

▶ Als erste wäre anzuführen die Erblasserschulden (§ 1967 Abs. 2 BGB). Hierbei handelt es sich um die vom Erblasser herrührenden

Schulden, beispielsweise Abzahlungsraten für ein Auto oder Mietschulden etc.

▶ Zur zweiten Gruppe gehören die Erbfallschulden, also Verbindlichkeiten aus Pflichtteilsrechten, Vermächtnissen oder anderen Auflagen und Kosten für gerichtliche Maßnahmen, beispielsweise die Nachlassverwaltung betreffend. Auch die Kosten der Beerdigung hat der Erbe zu tragen (§ 1968 BGB). Soweit er jedoch dazu nicht in der Lage ist, haftet derjenige, der dem Verstorbenen gegenüber unterhaltspflichtig war. Das sind der Ehegatte, die Kinder oder sonstige Angehörige des Verstorbenen (§ 1615 Abs. 2 BGB). Zu den Nachlassverbindlichkeiten gehört auch die Unterhaltsverpflichtung des Erblassers gegenüber seinem geschiedenen Ehegatten (§§ 1569 ff. BGB). Die Erben haften dafür aber nur bis zu dem Betrag, der diesem als Pflichtteil zustünde, wenn die Ehe noch nicht geschieden worden wäre.

*Unterhaltsverpflichtung gegenüber geschiedenem Ehegatten*

▶ Zur dritten Gruppe zählen die Nachlasskostenschulden. Hierbei handelt es sich um Verbindlichkeiten, die der Erbe in ordnungsgemäßer Verwaltung der Hinterlassenschaft eingegangen ist. Dazu gehören beispielsweise Kosten für Gas, Strom und Wasser.

*Nachlasskostenschulden*

Was vielen kaum bekannt ist: Sogar die Krankenkasse des Verstorbenen gehört häufig zu denen, die mit beträchtlichen Forderungen auf die Erben zukommen. Der Grund: Derartige Schuldtitel sind bis zu 30 Jahre vollstreckbar. Hierzu ein Beispiel: Es ist jemand verstorben, der vor 20 Jahren mit dem Fahrrad einen Unfall verursacht hatte. Bei dem Unfallopfer entstanden Kosten für Krankenhaus und ärztliche Behandlung in Höhe von 60 000 Mark. Die Krankenkasse hatte diese Kosten zuerst übernommen und danach versucht, sie vom Unfallverursacher zurückzufordern. Bestand zu diesem Zeitpunkt keine Privathaftpflichtversicherung und hatte der Gerichtsvollzieher auch nicht viel Pfändbares gefunden, dann verlangt die Krankenkasse jetzt das Geld von den Erben!

*Schuldtitel von Krankenkassen 30 Jahre vollstreckbar*

Für solche Kosten haftet jedoch nicht nur der Nachlass, sondern auch der Erbe persönlich. Der Erbe hat jedoch die Möglichkeit, seine Haftung für diese Nachlassverbindlichkeiten auf den Nachlass zu beschränken. Was bedeutet: Er schließt damit die Haftung mit seinem eigenen Vermögen aus.

*Beschränkung auf den Nachlass*

Der Erbe kann das Erbe aber auch ausschlagen. Vor der Annahme der Erbschaft können die Nachlassgläubiger gegen den Erben selbst jedoch nicht vorgehen. Aber auch nach der Annahme der Erbschaft ist der Erbe zunächst noch gegen eine Inanspruchnahme durch die Nachlassgläubiger geschützt, denn er soll sich erst über die Verhältnisse des Nachlasses unterrichten können.

Der Erbe hat deshalb nach der Annahme der Erbschaft noch drei Monate lang, jedoch nicht über die Errichtung eines Inventars hinaus, die Möglichkeit, die Bezahlung von Nachlassverbindlichkeiten zu verweigern. Es handelt sich dabei um die so genannte Dreimonatseinrede (§ 2014 BGB).

*Dreimonatseinrede*

Die Erbenhaftung auf den Nachlass selbst kann der Erbe gegenüber allen Nachlassgläubigern entweder durch Antrag beim Nachlassgericht auf Anordnung einer Nachlassverwaltung, durch Antrag beim Amtsgericht auf (und mit) Eröffnung des Nachlasskonkurses oder eines Vergleichsverfahrens oder durch die Herausgabe des gesamten Nachlasses im Wege der Zwangsvollstreckung und Erhebung der Dürftigkeitseinrede erreichen.

*Dürftigkeitseinrede*

Eine weitere Möglichkeit ergibt sich gegenüber den einzelnen Nachlassgläubigern, wenn der Gläubiger in einem Aufgebotsverfahren ausgeschlossen wurde, wenn ein Gläubiger seine Forderungen später als fünf Jahre nach dem Tod des Erblassers geltend macht und die entsprechenden Schulden dem Erblasser nicht bekannt waren, oder durch Vereinbarung mit dem Nachlassgläubiger. Der Gläubiger hat dabei folgende Möglichkeit: Er kann eine Absonderung des Nachlasses vom überschuldeten Vermögen des Erbes erreichen. Dies geschieht entweder durch einen Antrag auf Anordnung einer Nachlassverwaltung oder durch Antrag auf Eröffnung eines Nachlasskonkurses.

**Wichtig:** *Die einzelnen Miterben einer Erbengemeinschaft haften dabei grundsätzlich für die gemeinschaftlichen Schulden als Gesamtschuldner. Allerdings besteht bis zur Teilung des Nachlasses für die Erben eine gesetzliche Haftungsbeschränkung, weil die Nachlassgläubiger sich nur an den Nachlass und nicht an die Miterbenteile am Nachlass halten können. Von daher ganz wichtig: Zuerst die Schulden bezahlen und erst dann teilen!*

*Gesetzliche Haftungsbeschränkung*

*Unbeschränkte Haftung*

Gehört zum Nachlass ein Handelsgeschäft, das von den Erben unter der bisherigen Firma (ohne oder mit Nachfolgezusatz) fortgeführt wird, so haften diese auch für die in dem Geschäftsbetrieb begründeten Schulden unbeschränkt mit ihrem eigenen Vermögen. Diese unbeschränkte Haftung tritt allerdings dann nicht ein, wenn die Fortführung des Geschäfts vor Ablauf der drei Monate nach dem Zeitpunkt, in dem der Erbe vom Erbschaftsanfall Kenntnis erlangt, eingestellt wird.

*Wahrung der Inventarfrist und Auskunftspflicht*

Der Erbe haftet dabei auch für die Nachlassverbindlichkeiten mit seinem Vermögen unbeschränkt gegenüber allen Nachlassgläubigern, wenn er die vom Nachlassgericht gesetzte Frist zur Einreichung eines Nachlassverzeichnisses (Inventarfrist) versäumt oder bei der Aufnahme des Nachlassverzeichnisses unredlich handelt. Er haftet unbeschränkt gegenüber einzelnen Nachlassgläubigern, wenn er auf die Haftungsbeschränkungen verzichtet hat oder die Abgabe einer eidesstattlichen Versicherung hinsichtlich der Vollständigkeit eines abgegebenen Nachlassverzeichnisses verweigert. Der Erbe ist nämlich verpflichtet, zu der Aufnahme des Inventars eine zuständige Behörde oder einen zuständigen Beamten bzw. Notar hinzuzuziehen. Auf Antrag des Erben hat das Nachlassgericht das Inventar selbst aufzunehmen oder die Aufnahme einer zuständigen Behörde oder einem zuständigen Beamten oder Notar zu übertragen. Durch die Stellung des Antrags wird die Inventarfrist gewahrt. Des Weiteren ist der Erbe dazu verpflichtet, die zur Aufnahme des Inventars erforderlichen Auskünfte zu erteilen.

## Annahme oder Ausschlagung?

Für die Annahme einer Erbschaft sind keine bestimmte Formen vorgeschrieben, sie kann ausdrücklich erklärt werden oder stillschweigend erfolgen. So kann beispielsweise in der Veräußerung von Nachlassgegenständen eine Annahme erblickt werden, wenn daraus der eindeutige Wille, Erbe zu werden, zu ersehen ist. Dagegen gelten bloße Fürsorgemaßnahmen für den Nachlass in aller Regel nicht als Annahme.

*Ausschlagungsfrist nicht verstreichen lassen*

Eine Erbschaft gilt aber dann als angenommen, wenn der oder die Erben die Ausschlagungsfrist verstreichen lassen. Durch eine Annahme wird dann der Erbschaftserwerb endgültig. Ist dabei eine Überschuldung des Verstorbenen so offensichtlich, dass keinerlei Vermögen für den Erben übrig bleibt, so empfiehlt es sich, von der Ausschlagung Gebrauch zu machen, denn die Nachlassregelung steht hierbei in keinem Verhältnis zu der Arbeit und den Unannehmlichkeiten, die erwachsen.

Vor jeder Ausschlagung ist jedoch ein Fachmann heranzuziehen, der die Verhältnisse eingehend überprüft. Eine Ausschlagung erfolgt grundsätzlich durch eine Erklärung gegenüber dem Nachlassgericht. Diese Erklärung ist dann zur Niederschrift des Nachlassgerichts oder in öffentlich beglaubigter Form abzugeben. Wichtig: Diese Ausschlagung kann regelmäßig nur innerhalb einer Frist von sechs Wochen erfolgen. Hatte der Erblasser hingegen seinen letzten Wohnsitz lediglich im Ausland bzw. hält sich der Erbe bei Beginn der Frist im Ausland auf, dann beträgt die Frist sechs Monate. Die Ausschlagungsfrist beginnt grundsätzlich mit dem Zeitpunkt, in dem der Erbe von dem Anfall und dem Grund der Berufung Kenntnis erlangt.

*Ausschlagungsfrist: sechs Wochen*

Ist dagegen der Erbe durch eine Verfügung von Todes wegen berufen, so beginnt diese Frist nicht vor der Verkündung der Verfügung bzw. Testamentseröffnung.

Das Recht eines Erben, eine Erbschaft auszuschlagen, ist auch vererblich. Im Klartext: Stirbt der Erbe vor Ablauf der Ausschlagungsfrist, so endet die Frist nicht vor Ablauf der für die Erbschaft des Erben vorgeschriebenen Ausschlagungsfrist. Von mehreren Erben des Erben kann hier jeder den seinem Erbteil entsprechenden Teil der Erbschaft ausschlagen. Besorgt ein Erbe vor der Ausschlagung erbschaftliche Geschäfte, so ist dieser demjenigen gegenüber, der Erbe wird, wie ein Geschäftsführer ohne Auftrag berechtigt und verpflichtet. Eine Erbschaft kann dagegen frühestens nach Eintritt des Erbfalles angenommen oder ausgeschlagen werden. Des Weiteren kann die Annahme oder die Ausschlagung auch nicht unter einer Zeitbestimmung erfolgen, beispielsweise durch eine Erklärung mit den Worten: „Ich nehme die Erbschaft an, wenn keine Schulden vorhanden sind." Eine solche Erklärung wäre stets unwirksam.

## Aufpassen!

*Hat ein Erbe erst einmal die Erbschaft angenommen, so kann er sie nicht mehr ausschlagen! Dies gilt selbst dann, wenn die Ausschlagungsfrist noch nicht abgelaufen ist.*

*Zeitbestimmung unzulässig*

Auch die Annahme oder die Ausschlagung auf einen Teil der Erbschaft ist unwirksam (§ 1950 BGB). Lediglich derjenige, der zu mehreren Erbteilen berufen ist, kann, wenn die Berufung auf verschiede-

*Unwirksame Teilausschlagung*

*Ausnahme*
*Anfechtung*

nen Gründen beruht (beispielsweise Erbe teils durch Testament, teils kraft Gesetzes), den einen Erbteil annehmen und den anderen ausschlagen. Wichtige Ausnahme: Hat der Erblasser einen Erben auf mehrere Erbteile eingesetzt und ihm durch Verfügung von Todes wegen gestattet, den einen Erbteil anzunehmen und den anderen auszuschlagen, ist eine Teilannahme bzw. eine Teilausschlagung möglich! Die Annahme- oder Ausschlagungserklärung kann jedoch durch Anfechtung derselben wieder beseitigt werden. Dies wäre zum Beispiel wegen Irrtum, Täuschung, Drohung oder Betrug möglich. Da die Versäumung der Ausschlagungsfrist als Annahme der Erbschaft gilt, kann sie in gleicher Weise wie die Annahme angefochten werden.

*Anfechtungsfrist:*
*sechs Wochen*

Die Anfechtungsfrist (Anfechtung der Annahme oder der Ausschlagung) beträgt dabei sechs Wochen und hat durch Erklärung gegenüber dem Nachlassgericht in Form eines Protokolls oder in beglaubigter Form zu erfolgen. Lediglich im Fall der Anfechtbarkeit wegen Drohung beginnt die Frist mit dem Zeitpunkt, in dem die Zwangslage aufhört, in den übrigen Fällen mit dem Zeitpunkt, in dem der Anfechtungsberechtigte von dem Anfechtungsgrund in Kenntnis gesetzt wurde. Hierbei gilt die Anfechtung der Annahme als Ausschlagung, die Anfechtung der Ausschlagung hingegen als Annahme.

## Die Ausschlagung als Strategiebestandteil

Wichtig zu wissen: Zwar können Annahme und Ausschlagung einer Erbschaft nicht auf einen Teil der Erbschaft beschränkt werden. Denkbar wäre aber der Fall, dass der Erbe zwar durch Verfügung von Todes wegen berufen ist, die Erbschaft jedoch als eingesetzter Erbe ausschlägt und sein gesetzliches Erbe dafür annimmt. Im Falle eines gemeinschaftlichen Ehegatten-Testaments kann der eine Ehegatte beim Tod des anderen Ehegatten seine Testierfähigkeit wiedergewinnen, wenn er das ihm selbst durch das gemeinschaftliche Testament Zugewendete ausschlägt (§ 2271 Abs. 2 BGB). Da der überlebende Ehegatte mit dieser Ausschlagung auf den Nachlass des anderen verzichtet, gewinnt er damit seine eigene Entscheidungsfreiheit zurück.

*Wiedergewinnung*
*der Testier-*
*fähigkeit*

*Gemeinschaft-*
*liches Testament*
*nachrangig*

Im Klartext: Er kann nunmehr eine beliebige anderweitige Verfügung von Todes wegen errichten, ohne dass das frühere gemeinschaftliche Testament vorgeht. Eine Erklärung gegenüber dem Nachlassgericht kann allerdings nur in notariell beglaubigter Form oder in

Form einer Niederschrift vor dem Nachlassgericht erfolgen (§ 1945 Abs. 1 BGB).

Es kann jedoch auch der Fall eintreten, dass sich ein Testament als erbschaftsteuerlich sehr nachteilig erweist. Wenn die beteiligten Erben dann in ihren Interessen und Absichten harmonieren, könnte dies mit einer Ausschlagung der letztwilligen Verfügung, verbunden mit einem entsprechenden Vertrag, wieder zu erbschaftsteuerlichen Vorteilen führen. Denn Steuertatbestand wäre in diesem Falle nicht mehr das Testament, sondern der Vertrag!

**Tipp:** *Die Erben schlagen gemeinschaftlich das gesamte Erbe aus, schließen jedoch unter sich einen Vertrag, der wirtschaftlich zum selben Ergebnis führt, steuerlich aber wesentlich günstiger ist!*

Durch eine Ausschlagung kann ein sonst steuerpflichtiger Erbfall übersprungen werden, wenn die Kinder des Erblassers ausschlagen und die Erbmasse dann gleich auf die Enkel übergeht. Ist deren Zahl z. B. größer als die der Kinder, so können die Freibeträge öfter ausgenutzt werden.

## Beispiele

| Gesetzlicher Alleinerbe: | Sohn (A) | Enkel (B) |
|---|---|---|
| Steuerwert des Nachlasses: | 450 000 DM | 60 000 DM |
| ./. Freibetrag: | 400 000 DM | 10 000 DM |
| **Steuerpflichtig:** | **50 000 DM** | **50 000 DM** |
| | *A hat seinerseits drei Kinder, im Verhältnis zum Erblasser also Enkel. Schlägt er zu deren Gunsten die Erbschaft aus, so erhält jedes Kind 150 000 DM (450 000 : 3).* | *Schlägt B zugunsten seines Vaters A aus, der als Sohn des Erblassers dann gesetzlicher Alleinerbe wäre, so beträgt dessen steuerlicher Erwerb* |
| **Davon sind steuerpflichtig:** | **je 150 000 DM** | **60 000 DM** |
| ./. Freibetrag: | 400 000 DM | 400 000 DM |
| **Steuerpflichtig:** | **0 DM** | **0 DM** |

*Überträgt später A dem B schenkungsweise die Erbschaft, so würde der steuerpflichtige Erwerb ebenfalls 60 000 DM abzüglich Freibetrag i.H.v. 400 000 DM = 0 DM betragen.*

## Ausschlagung eines Vermächtnisses

*Keine Ausschlagungsfrist*

Annahme und Ausschlagung des Vermächtnisses erfolgen (anders als die Ausschlagung der Erbschaft) durch Erklärung gegenüber dem Beschwerten (§ 2180 Abs. 2 BGB). Eine Ausschlagungsfrist ist (abweichend von §§ 1943 ff. BGB für die Ausschlagung der Erbschaft) nicht bestimmt.

# Nachlasspflegschaft

*Maßnahmen zur Sicherung des Nachlasses*

Wenn sich in der Zeit zwischen Erbfall und Annahme der Erbschaft niemand um den Nachlass kümmert, weil z. B. die Erben unbekannt sind oder Personen Nachlassgegenstände in ihren Besitz nehmen, ohne dazu berechtigt zu sein, hat das Nachlassgericht die zur Sicherung des Nachlasses erforderlichen Maßnahmen zu treffen (§ 1969 BGB). Dies geschieht durch Anordnung einer Nachlasspflegschaft.

Ein Nachlasspfleger muss aber auch in den Fällen bestellt werden, wenn dies von einem Nachlassgläubiger zum Zwecke der gerichtlichen Geltendmachung eines ihm gegen den Nachlass zustehenden Anspruchs beantragt wird (§ 1961 BGB). Der bestellte Nachlasspfleger ist damit der gesetzliche Vertreter der noch unbekannten Erben. Seine Aufgabe ist es, die noch vorhandenen Erben zu ermitteln und den Nachlass unter Aufsicht des Nachlassgerichts zu verwalten.

# Tod bricht nicht Mietrecht

*Kündigungsschutz für Hinterbliebene*

Stirbt ein Ehepartner, können die anderen Familienangehörigen das Mietverhältnis weiterführen, wenn sie zum Haushalt des Verstorbenen gehörten (Kündigungsschutz für Hinterbliebene). Dies gilt nicht nur für in der Wohnung lebende Kinder, sondern auch für sonstige Angehörige, wenn der Partner die Wohnung nicht übernimmt. Andernfalls muss dem Vermieter innerhalb eines Monats mitgeteilt werden, dass das Mietverhältnis beendet werden soll.

Hat der Verstorbene allein in der Wohnung gelebt und gibt es Erben, treten auch diese automatisch in den Mietvertrag ein. Wichtig:

Auch wenn sie nicht selbst einziehen, müssen sie den Vertrag erfüllen, monatlich Miete zahlen und ggf. für Schönheitsreparaturen aufkommen! Den Vertrag können sie allerdings binnen drei Monaten kündigen (egal, wie lange das Mietverhältnis des Verstorbenen andauerte!). Ausnahme: Schlagen die Erben beim Amtsgericht die Erbschaft aus, werden sie von allen Pflichten aus dem Mietverhältnis frei. Wurde ein Mietvertrag allerdings auf „Lebenszeit" des Verstorbenen abgeschlossen, hat prinzipiell keiner der Erben Anspruch auf die Wohnung.

*Vertragserfüllung*

## Nachweis der Erbenposition

Im Erbfall wird es immer wieder nötig sein, Ihre Rechtsposition durch Urkunden zu belegen. Als Urkundenbeweise kommen in Betracht: beglaubigte Kopien von Testament oder Erbvertrag, Sterbeurkunden und Erbscheine (siehe Seite 168 ff.).

Letzterer wird meist die Urkunde der Wahl sein. Ein Erbschein kann gemäß § 2353 BGB beim Amtsgericht des letzten Wohnsitzes des Erblassers, dem so genannten Nachlassgericht, beantragt werden. Die örtliche Zuständigkeit ergibt sich in der Regel aus der Sterbeurkunde. Zuständig für die Erteilung des Erbscheines ist bei Testamenten der Richter, bei gesetzlicher Erbfolge der Rechtspfleger. Der Erbscheinantrag kann auch zu Protokoll beim Nachlassgericht erklärt werden. Eine Protokollaufnahme erfolgt dort durch den Rechtspfleger.

*Rechtsposition durch Erbschein*

### Beantragen kann einen Erbschein

- *der Allein- oder Miterbe gemäß den §§ 2353 und 2357 Abs. 1 Satz 2 BGB*
- *der Erbschaftskäufer im Namen des ursprünglichen Erben gemäß den §§ 2033 Abs. 1 und 2371 ff. BGB*
- *der Nachlass- und Erbengläubiger, der einen Zwangsvollstreckungstitel besitzt und den Erbschein zur Zwangsvollstreckung benötigt*
- *Sofern bereits ein Erbschein erteilt ist, kann jeder, der ein rechtliches Interesse glaubhaft macht, vom Nachlassgericht gemäß § 85 FGG die Erteilung einer Ausfertigung des Erbscheines verlangen*

*Erbschein ist Muss für Grundstücks-umschreibung*

Wenn Sie zum Beispiel Grundstückserbe sind, so ist der Erbschein ein Muss für die Umschreibung. Denn auch für einen Erbschein gilt wie für eine Vollmachtsurkunde, dass dem Grundbuchamt gegenüber eine Ausfertigung vorgelegt werden muss. Eine beglaubigte Abschrift reicht hier nicht aus. Bei späterer Unrichtigkeit des Erbscheins müssten alle Ausfertigungen vom Nachlassgericht wieder vom Nachlassgericht eingezogen werden, beglaubigte Abschriften jedoch nicht. Insofern kommt der beglaubigten Abschrift im Grundbuchverkehr nicht dieselbe Wirkung zu wie eine Ausfertigung.

## Erbscheinantrag bei Vorlage eines Testaments

*An das Staatliche Notariat*

*Antrag auf Erteilung eines Erbscheins*

*Ich beantrage die Erteilung eines gemeinschaftlichen Erbscheins für mich und meine Erben. Am ... verstarb in ...(Wohnort), seinem letzten Wohnsitz, der Erblasser ... (Name, Vorname). Er war deutscher Staatsangehöriger. Ich benötige einen Erbschein in einer Grundbuchangelegenheit.*

*Der Erblasser hat ein eigenhändig geschriebenes und unterschriebenes Testament vom ... hinterlassen. Das Testament wurde vom Staatlichen Notariat ... (Ort) am ... eröffnet (Az.: ...). Das Testament wird dem Antrag beigefügt/befindet sich bei den Akten des Notariats. Nach dem Testament sind Erben des Erblassers (Namen, Anschriften und Erbteile): ...........*

*Weitere Testamente des Erblassers sind nicht/sind vorhanden (ggf. nähere Bezeichnung des Testaments und Angabe, warum es auf die Erbfolge ohne Einfluss ist; bei mehreren Testamenten ist eine anwaltliche Beratung empfehlenswert). Ein Rechtsstreit über das Erbrecht ist bei einem Gericht nicht anhängig. Die Erben haben die Erbschaft angenommen. Ich versichere an Eides Statt, dass mir nichts bekannt ist, was meinen vorstehenden Angaben entgegensteht. Ich beantrage die Erteilung eines Erbscheins dahingehend, dass die im Testament genannten Erben zu den angegebenen Erbteilen Erben geworden sind.*

> *Ich bitte um Übersendung von ... Ausfertigungen des Erbscheins. Zum Nachlass gehören:*
>
> *... Grundstücke/Gebäude; Grundbuch ...*         *Wert: ... DM*
>
> *... Sparguthaben und andere Konten: ...*      *Wert: ... DM*
>
> *... Hausrat und sonstiger Nachlass: ...*      *Wert: ... DM*
>
> *Der Wert des reinen Nachlasses beträgt ... DM. Die Kosten trage ich.*
>
> *Ort, Datum, Unterschrift und Wohnanschrift des Antragstellers*

## Großer oder kleiner Pflichtteil für den überlebenden Ehegatten?

Wie in den vorangegangenen Kapiteln bereits dargestellt (siehe Seite 68), gibt es für den überlebenden Ehegatten, der mit dem Erblasser in Zugewinngemeinschaft gelebt hat, die Alternative des großen oder des kleinen Erbteils. Er hat stets die Möglichkeit, statt seines gesetzlichen Erbteils oder dessen, was der verstorbene Ehegatte ihm im Testament vermacht hat, den konkret errechneten Zugewinnausgleich zu fordern und daneben den niedrigeren kleinen Pflichtteil zu verlangen. Um dies zu entscheiden, muss der überlebende Ehegatte ausrechnen, wie hoch sein Zugewinn ist!

    Im Klartext: Wer weniger erwirtschaftet hat, hat nach Auflösung der Ehe (in diesem Fall durch den Tod seines Ehepartners) einen Anspruch auf die Hälfte des Überschusses als Zugewinn.

    Besteht der gesamte Erbteil des verstorbenen Ehegatten aus Zugewinn, weil zu Beginn der Ehe kein Vermögen vorhanden war, kann der Erbausgleich durch das zusätzliche erbrechtliche Viertel für den überlebenden Ehegatten ungünstiger sein als der errechnete (echte) Zugewinn plus kleinem Pflichtteil. Der überlebende Ehegatte kann in diesem Fall – Zugewinngemeinschaft vorausgesetzt – ausschlagen, was ihm der verstorbene Ehegatte durch Testament oder Erbvertrag zugewendet hat, und dafür den konkret errechneten Zugewinn und außerdem den kleinen Pflichtteil verlangen. Dies ist selbst dann möglich,

*Die Höhe des Zugewinns*

*Echter Zugewinn plus kleiner Pflichtteil*

wenn ihm nach den erbrechtlichen Bestimmungen nach einer Ausschlagung kein Pflichtteil zustünde (§ 1371 Abs. 3 BGB).

---

### Beispiel

*Ein Erblasser setzt in seinem Testament seine Ehefrau und die vier
Kinder zu je $^1/_5$ zu Erben ein. Der Nachlass beträgt 120 000 Mark,
worin 80 000 Mark Mehr-Zugewinn des Erblassers enthalten sind.*

▶ *Die Witwe erhält bei Annahme der Erbschaft:*

| | |
|---|---:|
| *einen Erbteil von (120 000 : 5)* | *24 000 DM* |
| *einen Ergänzungsbetrag bis zum großen Pflichtteil* | |
| *($^1/_4$ von 120 000 DM = 30 000 DM : 5)* | *6 000 DM* |
| *insgesamt also* | *30 000 DM* |

▶ *Die Witwe erhält bei Ausschlagung der Erbschaft:*

| | |
|---|---:|
| *einen Zugewinnausgleich in Höhe* | |
| *von (120 000 : 80 000 = 200 000 : 5)* | *40 000 DM* |
| *einen Ergänzungsbetrag bis zum großen Pflichtteil* | |
| *($^1/_4$ von 200 000 DM = 50 000 DM : 5)* | *10 000 DM* |
| *insgesamt also* | *50 000 DM* |

*Vorteil der
Ausschlagung:
plus 20 000 DM*

---

Weiteres Beispiel: Ein Erblasser setzt in seinem Testament seine Ehefrau zur Alleinerbin ein, seine drei Kinder hat er nicht bedacht. Der
Nachlass beträgt 120 000 Mark. Der gesetzliche Erbteil der Witwe
beträgt die Hälfte, die Kinder haben einen gesetzlichen Erbteil von je
einem Sechstel, der Pflichtteil der Kinder beträgt demnach je ein
Zwölftel. Jedem Kind, das seinen Pflichtteil geltend macht, muss die
Witwe somit 10 000 Mark zahlen – bar und sofort!

Wird der überlebende Ehegatte Alleinerbe durch gesetzliche Erbfolge oder testamentarischer Erbe, bekommt er zuerst einmal alles. Es
kann aber auch sein, dass der Erblasser im Testament Vermächtnisse
und Auflagen oder auch Vor- und Nacherbschaft angeordnet hat, die
den Ehegatten in seinem Erbrecht erheblich einschränken. Auch hier
hat der überlebende Ehegatte die Möglichkeit, die Erbschaft auszuschlagen und dafür den konkret errechneten Zugewinn plus kleinen

Pflichtteil zu fordern. Dieser wird dann ohne das erbliche Zusatzviertel berechnet.

Ist der überlebende Ehegatte in einem Testament des Verstorbenen bedacht, so hat er noch eine dritte Möglichkeit. So weit das ihm im Testament Zugewendete weniger ist als der nach dem erhöhten gesetzlichen Erbteil errechnete große Pflichtteil, kann er die Ergänzung des ihm im Testament Vermachten bis zur Höhe dieses Pflichtteils verlangen. Wer eine Erbschaft ausschlagen will, muss dies innerhalb von sechs Wochen tun, nachdem er oder sie vom Tod des Erblassers oder von der Existenz einer letztwilligen Verfügung erfahren hat (§ 1844 BGB). Danach ist eine Ausschlagung nicht mehr möglich!

*Pflichtteilsergänzungsanspruch nach § 2329 BGB*

Wichtig: Der Erbe kann einen Bedachten auch auffordern, innerhalb einer angemessenen Frist (ebenfalls innerhalb von sechs Wochen) zu erklären, ob er das Vermächtnis annehmen oder ausschlagen will (§ 2307 BGB). Antwortet der mit dem Vermächtnis bedachte überlebende Ehegatte innerhalb dieser Frist nicht (!), so gilt das Vermächtnis als ausgeschlagen (!). In diesem Fall wäre dann der Zugewinnausgleich plus kleiner Pflichtteil seine einzige Alternative.

*Erbe kann Bedachten auffordern*

# Beispiel einer Pflichtteilsberechnung

Ein im gesetzlichen Güterstand der Zugewinngemeinschaft lebender Rentner hat seine Witwe zur Alleinerbin seines Vermögens von 900 000 DM eingesetzt. Er hinterlässt vier Söhne, die von ihrem Vater zu Lebzeiten folgende Zuwendungen erhalten haben: Sohn A 40 000 DM, Sohn B 50 000 DM, Sohn C 30 000 DM, Sohn D 60 000 DM (zusammen 180 000 DM). Bei der Zuwendung an seinen Sohn D hat der Erblasser bestimmt, dass sich D die 60 000 DM auf seinen Pflichtteil anrechnen lassen müsse. Die Erbteilsrechnung sieht so aus:

▶ Gesetzlicher Erbteil der Witwe: 450 000 DM
▶ Gesetzlicher Erbteil der vier Söhne: 450 000 DM
▶ Zuwendungen an die Söhne zu Lebzeiten des Vaters: 180 000 DM
▶ Erhöhter Erbteil der vier Söhne zusammen: 630 000 DM
▶ Erhöhter Erbteil jedes Sohnes (630 000 DM : 4): 157 500 DM

**Berechnung der Pflichtteile**
- Sohn A: (157 500 ./. 40 000) : 2          58 750 DM
- Sohn B: (157 500 ./. 50 000) : 2          53 750 DM
- Sohn C: (157 500 ./. 30 000) : 2          63 750 DM
- Sohn D: (157 500 ./. 60 000) : 2          48 750 DM

Da sich Sohn D die 60 000 DM auch auf seinen Pflichtteil anrechnen lassen muss, geht für die Berechnung seines Pflichtteils die Hälfte dieser Zuwendung (30 000 DM) noch von dem Betrag von 48 750 DM ab, sodass er als Pflichtteil nur 18 750 DM zu beanspruchen hat (gemäß § 2316 Abs. 4 BGB).

Die Witwe als Alleinerbin hat mithin an Pflichtteilen zu zahlen: An
- Sohn A:      58 750 DM
- Sohn B:      53 750 DM
- Sohn C:      63 750 DM
- Sohn D:      18 750 DM
- Insgesamt also: 195 000 DM

# Anhang

Auf den folgenden Seiten finden Sie eine Reihe von Formulierungsvorschlägen, Listen und Checklisten, mit denen Sie den Erben die Regelung der Nachlassangelegenheiten erleichtern können.

▶ Zuordnung bestimmter Erbstücke als Bestandteil des Testaments

▶ Testamentshinterlegung/-vollstrecker, Vormund und Erbvertrag

▶ Festlegungen über die Versorgung und Pflege von Haustieren

▶ Liste der im Todesfall zu benachrichtigenden Personen (Trauerbriefe)

▶ Von den Hinterbliebenen sofort zu erledigen (Checkliste)

▶ Wichtige Anschriften

▶ Wünsche des Erblassers

▶ Bestehende Versicherungen

▶ Zuständigkeiten und Fristen

▶ Vorsorgevollmacht

## Zuordnung bestimmter Erbstücke als Bestandteil des Testaments

Zuordnung bestimmter Erbstücke (zum Beispiel Bücher, Gemälde, Kfz, Möbel, Musikinstrumente, Sammlungen, Schmuck, Tafelsilber, Teppiche)

Vor- und Zuname des Erblassers: . . . . . . . . . . . . . . . . . . . . . . . . . . . . . . .

| Gegenstand: (genaue Bezeichnung) | Wert in Mark oder Euro: | Empfänger: (genaue Bezeichnung) |
|---|---|---|
| 1. | | |
| 2. | | |
| 3. | | |
| 4. | | |
| 5. | | |
| 6. | | |
| 7. | | |
| 8. | | |
| 9. | | |
| 10. | | |
| 11. | | |
| 12. | | |
| 13. | | |
| 14. | | |

Gegebenenfalls bitte eine weitere Auflistung als Anlage beifügen.

. . . . . . . . . .          . . . . . . . . . . . . . . . . . . . . . . . . . . . . . . . . . . .
Ort und Datum      Unterschrift des Erblassers

## Testamentshinterlegung/-vollstrecker, Vormund und Erbvertrag

**Wir haben/Ich habe ein Testament hinterlegt:**
Bei dem Amtsgericht: . . . . . . . . . . . . . . . . . . . . . . . . . . . . . . . . . . . . . . .
(Adresse und Angabe des Hinterlegungsscheins mit Hinterlegungsnummer)

Bei dem Notar: . . . . . . . . . . . . . . . . . . . . . . . . . . . . . . . . . . . . . . . . . . . .
(Adresse und Angabe der Hinterlegungsnummer)

Privates Testament: . . . . . . . . . . . . . . . . . . . . . . . . . . . . . . . . . . . . . . .
(Aufbewahrungsort)

Es besteht ein notarieller Erbvertrag mit
Name:                  Adresse:                                    Hinterlegungsort:
. . . . . . . . . . . . . . . . . . . . . . . . . . . . . . . . . . . . . . . . . . . . . . . . . . . . . .
. . . . . . . . . . . . . . . . . . . . . . . . . . . . . . . . . . . . . . . . . . . . . . . . . . . . . .

**Als Testamentsvollstrecker habe ich im Testament benannt:**
*Den Testamentsvollstrecker bitte(n) ich/wir zu benachrichtigen:*
Name:                  Adresse:
. . . . . . . . . . . . . . . . . . . . . . . . . . . . . . . . . . . . . . . . . . . . . . . . . . . . . .

**Als Vormund meiner Kinder habe(n) ich/wir durch das Testament benannt:**
Name:                  Adresse:
. . . . . . . . . . . . . . . . . . . . . . . . . . . . . . . . . . . . . . . . . . . . . . . . . . . . . .
. . . . . . . . . . . . . . . . . . . . . . . . . . . . . . . . . . . . . . . . . . . . . . . . . . . . . .

( ) Wir haben / Ich habe keinen Vormund im Testament benannt.
( ) Wir bitten / Ich bitte als Vormund vorzuschlagen:

Name:                  Adresse:
. . . . . . . . . . . . . . . . . . . . . . . . . . . . . . . . . . . . . . . . . . . . . . . . . . . . . .
. . . . . . . . . . . . . . . . . . . . . . . . . . . . . . . . . . . . . . . . . . . . . . . . . . . . . .

( ) Für die Betreuung außerhalb der Vormundschaft schlagen wir/schlage ich vor:
Name:                  Adresse:

. . . . . . . . . . . . . . . . . . . . . . . . . . . . . . . . . . . . . . . . . . . . . . . . . . . . . .
. . . . . . . . . . . . . . . . . . . . . . . . . . . . . . . . . . . . . . . . . . . . . . . . . . . . . .

## Festlegungen über die Versorgung und Pflege von Haustieren (mit Hinweisen)

**Hinweis:**

Für viele Menschen ist es wichtig, dass in ihrem Todesfall ihre Haustiere gut versorgt und nicht vernachlässigt werden.

Sie können deshalb eine Betreuungsklausel in das Testament oder den notariellen Erbvertrag aufnehmen.

**Wichtig:**

Im Falle des handschriftlichen Testamentes muss diese Festlegung handschriftlich in das Testament eingefügt sein.

Formulierungsvorschlag:

Ich wünsche, dass mein Haustier: . . . . . . . . . . . . . . . . . . . . . . . . . . . . . .

bis zu seinem natürlichen Tode versorgt und medizinisch betreut wird.

Die medizinische Betreuung soll durch unseren Tierarzt Frau/Herr

. . . . . . . . . . . . . . . . . . . . . . . . . . . . . . . . . . . . . . vorgenommen werden.

Die Versorgung soll von Frau/Herr
Name:

. . . . . . . . . . . . . . . . . . . . . . . . . . . . . . . . . . . . . . . . . . . . . . . .
Anschrift:

. . . . . . . . . . . . . . . . . . . . . . . . . . . . . . . . . . . . . . . . . . . . . . . .

vorgenommen werden.

Die Kosten für die ärztliche Betreuung und die Versorgung sollen von der Erbengemeinschaft getragen werden.

## Liste der im Todesfall zu benachrichtigenden Personen (Trauerbriefe)

Zu benachrichtigen sind: Angehörige, Freunde, Arbeits- und Vereinskollegen, Bekannte, Geschäftsfreunde usw.

Name:                    Adresse:                         Telefon:

1. ........................................................
2. ........................................................
3. ........................................................
4. ........................................................
5. ........................................................
6. ........................................................
7. ........................................................
8. ........................................................
9. ........................................................
10. ........................................................
11. ........................................................
12. ........................................................
13. ........................................................
14. ........................................................
15. ........................................................
16. ........................................................
17. ........................................................
18. ........................................................
19. ........................................................
20. ........................................................
21. ........................................................
22. ........................................................

## Von den Hinterbliebenen sofort zu erledigen (Checkliste)

|  | erledigt | Datum |
|---|---|---|
| 1. Totenschein vom (Unfall-)Arzt oder Krankenhaus | ☑ | . . . . . . . . . |
| 2. Standesamt (Sterbeurkunde mehrfach beantragen) | ☑ | . . . . . . . . . |
| 3. Bestattungsunternehmen beauftragen | ☑ | . . . . . . . . . |
| 4. Beerdigungstermin festlegen | ☑ | . . . . . . . . . |
| 5. Krankenkasse | ☑ | . . . . . . . . . |
| 6. Arbeitgeber | ☑ | . . . . . . . . . |
| 7. Kirchengemeinde | ☑ | . . . . . . . . . |
| 8. Vereine benachrichtigen | ☑ | . . . . . . . . . |
| 9. Sonderurlaub bei dem Arbeitgeber beantragen | ☐ | . . . . . . . . . |
| 10. Testament an Notar oder Nachlassgericht übergeben | ☐ | . . . . . . . . . |
| 11. Rentenversicherungsträger | ☑ | . . . . . . . . . |
| 12. Trauerkleidung kaufen | ☑ | . . . . . . . . . |
| 13. Gestaltung der Trauerfeier festlegen | ☑ | . . . . . . . . . |
| 14. Trauerkarten | ☑ | . . . . . . . . . |
| 15. Unterbringung auswärtiger Trauergäste | ☐ | . . . . . . . . . |
| 16. Lebensversicherung / Sterbeversicherung | ☐ | . . . . . . . . . |
| 17. Zusatzversicherung | ☐ | . . . . . . . . . |
| 18. Finanzamt | ☐ | . . . . . . . . . |
| 19. Gewerkschaft | ☐ | . . . . . . . . . |
| 20. Versorgungsamt | ☐ | . . . . . . . . . |
| 21. Versicherungen | ☑ | . . . . . . . . . |
| 23. Mitgliedschaften kündigen | ☐ | . . . . . . . . . |
| 24. Fernsehen, Rundfunk und Telefon abmelden | ☑ | . . . . . . . . . |
| 25. Abonnements kündigen bzw. umschreiben | ☑ | . . . . . . . . . |

## Wichtige Anschriften

Rechtsanwalt: . . . . . . . . . . . . . . . . . . . . . . . . . . . . . . . . . . . . . . . . . . . . . . .

. . . . . . . . . . . . . . . . . . . . . . . . . . . . . . . . . . . . . . . . . . . . . . . . . . . . . . . . .

Hausarzt: . . . . . . . . . . . . . . . . . . . . . . . . . . . . . . . . . . . . . . . . . . . . . . . . . . . .

. . . . . . . . . . . . . . . . . . . . . . . . . . . . . . . . . . . . . . . . . . . . . . . . . . . . . . . . .

Facharzt: . . . . . . . . . . . . . . . . . . . . . . . . . . . . . . . . . . . . . . . . . . . . . . . . . . . .

. . . . . . . . . . . . . . . . . . . . . . . . . . . . . . . . . . . . . . . . . . . . . . . . . . . . . . . . .

Krankenhaus: . . . . . . . . . . . . . . . . . . . . . . . . . . . . . . . . . . . . . . . . . . . . . . . . .

. . . . . . . . . . . . . . . . . . . . . . . . . . . . . . . . . . . . . . . . . . . . . . . . . . . . . . . . .

Hausverwaltung: . . . . . . . . . . . . . . . . . . . . . . . . . . . . . . . . . . . . . . . . . . . . . . .

. . . . . . . . . . . . . . . . . . . . . . . . . . . . . . . . . . . . . . . . . . . . . . . . . . . . . . . . .

Vermieter: . . . . . . . . . . . . . . . . . . . . . . . . . . . . . . . . . . . . . . . . . . . . . . . . . . .

. . . . . . . . . . . . . . . . . . . . . . . . . . . . . . . . . . . . . . . . . . . . . . . . . . . . . . . . .

Altenwohnheim: . . . . . . . . . . . . . . . . . . . . . . . . . . . . . . . . . . . . . . . . . . . . . . . .

. . . . . . . . . . . . . . . . . . . . . . . . . . . . . . . . . . . . . . . . . . . . . . . . . . . . . . . . .

Steuerberater: . . . . . . . . . . . . . . . . . . . . . . . . . . . . . . . . . . . . . . . . . . . . . . . .

. . . . . . . . . . . . . . . . . . . . . . . . . . . . . . . . . . . . . . . . . . . . . . . . . . . . . . . . .

## Wünsche des Erblassers

Name, Vorname: . . . . . . . . . . . . . . . . . . . . . . . . . . . . . . . . . . . . . . . . . . . . . . . .

**Ich wünsche:**
(Zutreffendes bitte ankreuzen)

❑  eine Erdbestattung

❑  eine Feuerbestattung

❑  eine Seebestattung

❑  eine Bestattung ohne Kirche

Die Bestattung soll stattfinden: . . . . . . . . . . . . . . . . . . . . . . . . . . . . . . .
(Angabe des Bestattungsortes) . . . . . . . . . . . . . . . . . . . . . . . . . . . . . . .

**Besondere Wünsche für die Trauerfeier:**

1.  Grabrede: . . . . . . . . . . . . . . . . . . . . . . . . . . . . . . .

2.  Chor: . . . . . . . . . . . . . . . . . . . . . . . . . . . . . . .

3.  Musikstücke: . . . . . . . . . . . . . . . . . . . . . . . . . . . . . . .

4.  Grabschmuck: . . . . . . . . . . . . . . . . . . . . . . . . . . . . . . .

5.  Spenden an: . . . . . . . . . . . . . . . . . . . . . . . . . . . . . . .

6.  Trauerfeier in: . . . . . . . . . . . . . . . . . . . . . . . . . . . . . . .

7.  Bestattung durch: . . . . . . . . . . . . . . . . . . . . . . . . . . . . . . .

8.  Grabausstattung von: . . . . . . . . . . . . . . . . . . . . . . . . . . . . . . .

9.  Sonstiges: . . . . . . . . . . . . . . . . . . . . . . . . . . . . . . .

. . . . . . . . . . . . . . . . . . . . . . . . . . . . . . .

. . . . . . . . . .　　　. . . . . . . . . . . . . . . . . . . . . . . . . . . . . . . . . . . . .
Ort und Datum　　Unterschrift des Erblassers

## Bestehende Versicherungen, 1

**In unseren Versicherungsangelegenheiten betreut uns:**

Name: . . . . . . . . . . . . . . . . . . . . . . . . . . . . . . . . . . . . . . . . . . . . . . . . . . . .
Firma: . . . . . . . . . . . . . . . . . . . . . . . . . . . . . . . . . . . . . . . . . . . . . . . . . . . .
Adresse: . . . . . . . . . . . . . . . . . . . . . . . . . . . . . . . . . . . . . . . . . . . . . . . . . .
Hinweis: . . . . . . . . . . . . . . . . . . . . . . . . . . . . . . . . . . . . . . . . . . . . . . . . . . .

**Rechtsanwalt:**

Name: . . . . . . . . . . . . . . . . . . . . . . . . . . . . . . . . . . . . . . . . . . . . . . . . . . . .
Adresse: . . . . . . . . . . . . . . . . . . . . . . . . . . . . . . . . . . . . . . . . . . . . . . . . . .
Hinweis: . . . . . . . . . . . . . . . . . . . . . . . . . . . . . . . . . . . . . . . . . . . . . . . . . . .

**Anspruch auf Betriebsrente:**

Viele Betriebe (hierbei auch an frühere Arbeitsverhältnisse denken!) zahlen an die
Angehörigen eines verstorbenen Mitarbeiters eine Betriebsrente oder einen einmaligen Betrag. Zuweilen schützte der Arbeitgeber seine Beschäftigten auch mit einer
speziellen Unfallversicherung für Dienstreisen.

( ) Ja          ( ) Nein

Firma: . . . . . . . . . . . . . . . . . . . . . . . . . . . . . . . . . . . . . . . . . . . . . . . . . . . .
Adresse: . . . . . . . . . . . . . . . . . . . . . . . . . . . . . . . . . . . . . . . . . . . . . . . . . .
Personal-Nr.: . . . . . . . . . . . . . . . . . . . . . . . . . . . . . . . . . . . . . . . . . . . . . . .
Höhe: . . . . . . . .     ab Alter: . . . . . . . . . . . . . . . . . . . . . . . . . . . . . . . . . . . .

**Berufsgenossenschaften:**

Alle Angestellten, Arbeiter sowie die Beschäftigten der Landwirtschaft sind automatisch über den Betrieb in einer Berufsgenossenschaft unfallversichert. Wenn der Verunglückte beruflich unterwegs war, entsteht den Hinterbliebenen hieraus ein Rentenanspruch.

Berufsgenossenschaft: . . . . . . . . . . . . . . . . . . . . . . . . . . . . . . . . . . . . . . . .
Adresse: . . . . . . . . . . . . . . . . . . . . . . . . . . . . . . . . . . . . . . . . . . . . . . . . . .

## Bestehende Versicherungen, 2

Hinterbliebenenrente: ........................................

( ) Ja          ( ) Nein
Gegebenenfalls sind Ansprüche anzumelden beim Pensionssicherungsverein in Köln.

**Rentenversicherungsanstalt:**

BfA - Berlin: ...........................................
LVA: ..................................................
Kontoauszüge liegen vor: ...............................
Beratungsstelle: .......................................
Versicherungsältester: .................................

Achtung: Die Rente wird nur auf Antrag gezahlt! Kinder haben grundsätzlich bis zum 18. Lebensjahr, bei Schul- oder Berufsausbildung bzw. bei Behinderung bis zum 27. Lebensjahr einen Anspruch auf Waisenrente.

**Zusatzversicherung:**

( ) Ja          ( ) Nein

Versorgungsanstalt des Bundes und der Länder (VBL)
76128 Karlsruhe

Versicherungsnehmer: ...................................
Versicherungs-Nr.: .....................................

**Sterbegeld:**
(bei Rentenversicherung, Krankenkassen, Betrieben, privater Sterbekasse)

Name der Gesellschaft: .................................
Anschrift: .............................................
Versicherungsnehmer: ...................................
Versicherungs-Nr.: .....................................
Versicherungssumme: ....................................

## Bestehende Versicherungen, 3

**Lebensversicherung:**

Versicherungsnehmer: ........................................
Gesellschaft (Anschrift): ....................................
Versicherungs-Nr.: ..........................................
Versicherungssumme: .........................................
Ablauf: .....................................................
Agentur (Anschrift): ........................................
Sonstiges: ..................................................
(zum Beispiel Abtretung) ....................................

**Unfallversicherung:**

Versicherungsnehmer: ........................................
Gesellschaft (Anschrift): ....................................
Versicherungs-Nr.: ..........................................
Ablauf: .....................................................
Begünstigter (Name und Anschrift): ..........................
Agentur (Anschrift): ........................................

**Rentenversicherung:**

Versicherungsnehmer: ........................................
Versicherungsträger (Anschrift): ............................
Versicherungs-Nr.: ..........................................
Versicherungssumme (Rentenanspruch): ........................
Ablauf: .....................................................
Agentur (Anschrift): ........................................
Sonstiges (zum Beispiel Abtretung): .........................

**Privat-Haftpflicht-Versicherung:**

Versicherungsnehmer: ........................................
Gesellschaft (Anschrift): ....................................
Versicherungs-Nr.: ..........................................
Versicherungssumme: .........................................
Ablauf: .....................................................
Agentur (Anschrift): ........................................

Bestehende Versicherungen, 4

**Gebäude-Versicherung:**

Versicherungsnehmer: . . . . . . . . . . . . . . . . . . . . . . . . . . . . . . . . . . . . . . .
Gesellschaft (Anschrift): . . . . . . . . . . . . . . . . . . . . . . . . . . . . . . . . . . . .
Versicherungs-Nr.: . . . . . . . . . . . . . . . . . . . . . . . . . . . . . . . . . . . . . . . . .
Versicherungssumme: . . . . . . . . . . . . . . . . . . . . . . . . . . . . . . . . . . . . . . .
Ablauf: . . . . . . . . . . . . . . . . . . . . . . . . . . . . . . . . . . . . . . . . . . . . . . . . . .
Agentur (Anschrift): . . . . . . . . . . . . . . . . . . . . . . . . . . . . . . . . . . . . . . . .

**Ausbildungsversicherung:**

Versicherungsnehmer: . . . . . . . . . . . . . . . . . . . . . . . . . . . . . . . . . . . . . . .
Gesellschaft (Anschrift): . . . . . . . . . . . . . . . . . . . . . . . . . . . . . . . . . . . .
Versicherungs-Nr.: . . . . . . . . . . . . . . . . . . . . . . . . . . . . . . . . . . . . . . . . .
Versicherungssumme: . . . . . . . . . . . . . . . . . . . . . . . . . . . . . . . . . . . . . . .
Ablauf: . . . . . . . . . . . . . . . . . . . . . . . . . . . . . . . . . . . . . . . . . . . . . . . . . .
Begünstigter 1 (Name und Anschrift): . . . . . . . . . . . . . . . . . . . . . . . . . . .
Begünstigter 2 (Name und Anschrift): . . . . . . . . . . . . . . . . . . . . . . . . . . .
Agentur (Anschrift): . . . . . . . . . . . . . . . . . . . . . . . . . . . . . . . . . . . . . . . .

**Gebäude-Haftpflichtversicherung:**

Versicherungsnehmer: . . . . . . . . . . . . . . . . . . . . . . . . . . . . . . . . . . . . . . .
Gesellschaft (Anschrift): . . . . . . . . . . . . . . . . . . . . . . . . . . . . . . . . . . . .
Versicherungs-Nr.: . . . . . . . . . . . . . . . . . . . . . . . . . . . . . . . . . . . . . . . . .
Versicherungssumme: . . . . . . . . . . . . . . . . . . . . . . . . . . . . . . . . . . . . . . .
Ablauf: . . . . . . . . . . . . . . . . . . . . . . . . . . . . . . . . . . . . . . . . . . . . . . . . . .
Agentur (Anschrift): . . . . . . . . . . . . . . . . . . . . . . . . . . . . . . . . . . . . . . . .

**Krankenversicherung:**

Versicherungsnehmer: . . . . . . . . . . . . . . . . . . . . . . . . . . . . . . . . . . . . . . .
Krankenkasse (Anschrift): . . . . . . . . . . . . . . . . . . . . . . . . . . . . . . . . . . . .
Versicherungs-Nr.: . . . . . . . . . . . . . . . . . . . . . . . . . . . . . . . . . . . . . . . . .

Bestehende Versicherungen, 5

**Kranken-Zusatzversicherung**

Versicherungsnehmer: . . . . . . . . . . . . . . . . . . . . . . . . . . . . . . . . . . . . .
Gesellschaft (Anschrift): . . . . . . . . . . . . . . . . . . . . . . . . . . . . . . . . . . .
Versicherungs-Nr.: . . . . . . . . . . . . . . . . . . . . . . . . . . . . . . . . . . . . . . . .
Tarife: . . . . . . . . . . . . . . . . . . . . . . . . . . . . . . . . . . . . . . . . . . . . . . . . . .
Ablauf: . . . . . . . . . . . . . . . . . . . . . . . . . . . . . . . . . . . . . . . . . . . . . . . . .
Agentur (Anschrift): . . . . . . . . . . . . . . . . . . . . . . . . . . . . . . . . . . . . . .

**Hausrat-Versicherung:**

Versicherungsnehmer: . . . . . . . . . . . . . . . . . . . . . . . . . . . . . . . . . . . . .
Gesellschaft (Anschrift): . . . . . . . . . . . . . . . . . . . . . . . . . . . . . . . . . . .
Versicherungs-Nr.: . . . . . . . . . . . . . . . . . . . . . . . . . . . . . . . . . . . . . . . .
Versicherungssumme: . . . . . . . . . . . . . . . . . . . . . . . . . . . . . . . . . . . . .
Ablauf: . . . . . . . . . . . . . . . . . . . . . . . . . . . . . . . . . . . . . . . . . . . . . . . . .
Agentur (Anschrift): . . . . . . . . . . . . . . . . . . . . . . . . . . . . . . . . . . . . . .

**Hausgeräte-Versicherung:**

Versicherungsnehmer: . . . . . . . . . . . . . . . . . . . . . . . . . . . . . . . . . . . . .
Gesellschaft (Anschrift): . . . . . . . . . . . . . . . . . . . . . . . . . . . . . . . . . . .
Versicherungs-Nr.: . . . . . . . . . . . . . . . . . . . . . . . . . . . . . . . . . . . . . . . .
Versicherungssumme: . . . . . . . . . . . . . . . . . . . . . . . . . . . . . . . . . . . . .
Ablauf: . . . . . . . . . . . . . . . . . . . . . . . . . . . . . . . . . . . . . . . . . . . . . . . . .
Agentur (Anschrift): . . . . . . . . . . . . . . . . . . . . . . . . . . . . . . . . . . . . . .

**Glasbruch-Versicherung:**

Versicherungsnehmer: . . . . . . . . . . . . . . . . . . . . . . . . . . . . . . . . . . . . .
Gesellschaft (Anschrift): . . . . . . . . . . . . . . . . . . . . . . . . . . . . . . . . . . .
Versicherungs-Nr.: . . . . . . . . . . . . . . . . . . . . . . . . . . . . . . . . . . . . . . . .
Versicherungssumme: . . . . . . . . . . . . . . . . . . . . . . . . . . . . . . . . . . . . .
Ablauf: . . . . . . . . . . . . . . . . . . . . . . . . . . . . . . . . . . . . . . . . . . . . . . . . .
Agentur (Anschrift): . . . . . . . . . . . . . . . . . . . . . . . . . . . . . . . . . . . . . .

## Bestehende Versicherungen, 6

**Rechtsschutz-Versicherung:**

Versicherungsnehmer: ........................................

Gesellschaft (Anschrift): ........................................

Versicherungs-Nr.: ........................................

Versicherungssumme: ........................................

Ablauf: ........................................

Agentur (Anschrift): ........................................

Wichtig: Bei der Rechtsschutzversicherung sollte darauf geachtet werden, dass diese auch in solchen Angelegenheiten für die Belange des Partners eintritt (bzw. Ansprüche gegenüber anderen Versicherung, bei Unfall mit Todesfolge). Erforderlichenfalls sollte in diesem Punkt mit der Versicherung nachverhandelt werden!

**Kfz-Versicherung:**

Versicherungsnehmer: ........................................

Gesellschaft (Anschrift): ........................................

Versicherungs-Nr.: ........................................

Versicherungssumme: ........................................

Ablauf: ........................................

Agentur (Anschrift): ........................................

Wichtig: Wurde der Partner unschuldig in einen tödlichen Unfall verwickelt, muss die Haftpflichtversicherung des Gegners den gesamten Unfallschaden regulieren: Kosten im Zusammenhang mit der Beerdigung, ggf. Schmerzensgeld für die Hinterbliebenen, die Erstattung des Sachschadens einschließlich der Anwalts-, Sachverständigen- und Gutachterkosten. Hat der Verunglückte seine Familie als Alleinverdiener unterhalten, tritt möglicherweise die Haftpflichtversicherung des Gegners in die Pflicht, für die Unterhaltskosten der Hinterbliebenen aufzukommen.

## Bestehende Versicherungen, 7

**Weitere Versicherungen:**

Versicherungsnehmer: . . . . . . . . . . . . . . . . . . . . . . . . . . . . . . . . . . . . . .
Gesellschaft (Anschrift): . . . . . . . . . . . . . . . . . . . . . . . . . . . . . . . . . . .
Versicherungs-Nr.: . . . . . . . . . . . . . . . . . . . . . . . . . . . . . . . . . . . . . . .
Versicherungssumme: . . . . . . . . . . . . . . . . . . . . . . . . . . . . . . . . . . . . .
Ablauf: . . . . . . . . . . . . . . . . . . . . . . . . . . . . . . . . . . . . . . . . . . . . . . .
Agentur (Anschrift): . . . . . . . . . . . . . . . . . . . . . . . . . . . . . . . . . . . . . .

Hinweise zu privaten Unfall- und Lebensversicherungen: Wurde eine Risikolebens-
versicherung abgeschlossen, muss die Versicherung in der Regel innerhalb von drei
Tagen nach dem Todesfall in Kenntnis gesetzt werden!

## Zuständigkeiten und Fristen

| | Zuständig | Erforderliche Unterlagen | Frist | Sonstiges |
|---|---|---|---|---|
| **Totenschein** | Hausarzt, Krankenhausarzt | | Unverzüglich | |
| **Sterbeurkunde** | Standesamt, in dessen Bezirk sich der Sterbefall ereignet hat | Totenschein, Familienbuch, Personalausweis oder Reisepass des Verstorbenen | Spätestens am auf den Todestag folgenden Werktag | Meldepflichtig: Familienoberhaupt, Wohnungsinhaber, jede Person, die bei Tod zugegen war (oder von ihm aus eigener Wissenschaft erfahren hat) |
| **Todesanzeige** | Private Druckerei, Zeitung je nach Wunsch | | Unverzüglich | Wird auch von den Bestattungsunternehmen durchgeführt |
| **Bestattung** | Friedhofsamt/ -verwaltung, Pfarramt | Sterbeurkunde, ggf. Urkunde über Erbkaufgrab | | Wird auch von den Bestattungsunternehmen durchgeführt) |
| **Feuerbestattung** | Genehmigung der Polizei bzw. Ordnungsbehörde erforderlich | Sterbeurkunde, ggf. letztwillige Verfügung des Verstorbenen | Spätestens 24 Stunden vorher | Wird auch von den Bestattungsunter nehmen durchgeführt |
| **Arbeits-/ Dienstvertrag** | Arbeitgeber bzw. Dienstherr | Sterbeurkunde | Unverzüglich | |
| **Anzeige an Finanzamt** | Örtlich zuständiges Finanzamt | Formblatt des Finanzamtes | Drei Monate ab Erlangung der Kenntnis vom Erbfall | |

| | Zuständig | Erforderliche Unterlagen | Frist | Sonstiges |
|---|---|---|---|---|
| **Testaments-eröffnung** | Amtsgericht (Nachlassgericht) sowie in Baden-Württemberg die verwahrenden Notare | Sterbeurkunde, sämtliche Testamente, Erbverträge | | |
| **Erbschein** | Amtsgericht (Nachlass-gericht),in Baden-Württem-berg die Notare | Sterbeurkunde, sämtliche Ver-fügungen von Todes wegen, Personalausweis des Antrag-stellers | | |
| **Testaments-Ausschlagung** | Amtsgericht (Nachlassgericht) | | Sechs Wochen ab Kenntnis | |
| **Überprüfung und ggf. Löschung von Dauerauf-trägen und Last-schriften (ggf. Vermögensüber-sicht)** | Bank oder Spar-kasse, ein-ziehende Stelle/ Empfänger | | | |
| **Feststellung von Bankver-bindungen und Benach-richtigung** | Bank oder Spar-kasse | Erbschein oder Ausfertigung oder beglaubigte Abschrift des Gerichts einer Verfügung von Todes wegen und zugehörige Eröffnungs-Niederschrift | Unverzüglich | Für Verfügungen: Prüfen, ob Voll-macht für den Todesfall, Voll-macht über den Tod hinaus, Alters-vorsorgevollmacht besteht |

|  | Zuständig | Erforderliche Unterlagen | Frist | Sonstiges |
|---|---|---|---|---|
| Gesetzliche Altersvers. (BFA, LVA, Knappschaft) | Versicherungs-ämter der Städte und Gemeinden | | | |
| Risiko-Lebens-versicherung (aus Bauspar- oder Darlehens-vertrag | Versicherungs-gesellschaft (Hauptverwaltung oder Nieder-lassung) | Sterbeurkunde, Vers.-Police, ggf. Beitragsquittung, ärztliches Attest über die Todes-ursache | Drei Tage nach Eintritt des Todes | |
| (Private) Unfall-Versicherung (bei Unfall) | Gesellschaft | Sterbeurkunde, Vers.-Police | i. d. R. sofortige Benachrichtigung | |
| Sonstige Ver-sicherung (Haus-rat, Haftpflicht, Kfz etc.) | Gesellschaft | Sterbeurkunde, Vers.-Police, ggf. Beitragsquittung, ärztliches Attest über die Todes-ursache | Unverzüglich | Ggf. Policen-ordnung durch-führen |
| Antrag auf Fortzahlung der Rente des Ver-storbenen für drei Monate | Rentenzahlstelle | Sterbeurkunde, letzter Renten-bescheid | Unverzüglich | |
| Weiterzahlung von Prämien bei Personenver-sicherungen zu-gunsten von Angehörigen | Versicherungs-gesellschaft | Sterbeurkunde, Vers.-Police | Unverzüglich | |
| Berufsgenossen-schaft (bei Unfall) | Arbeitgeber | Sterbeurkunde | Unverzüglich | |
| Sterbekasse | Aus Unterlagen ersichtlich | Sterbeurkunde, Police | Unverzüglich | |

| | Zuständig | Erforderliche Unterlagen | Frist | Sonstiges |
|---|---|---|---|---|
| **Krankenver-sicherung, Bei-hilfestellen (bei Beamten) wegen Sterbegeld** | Aus Unterlagen ersichtlich | Beleg über Bestattungs-kosten, Sterbe-urkunde | Unverzüglich | Wird auch vom Bestattungsunter-nehmen durchge-führt |
| **Lebensver-sicherung** | Gesellschaft | Sterbeurkunde, Vers.-Police, ggf. Beitragsquittung, ärztliches Attest über Todes-ursache | Drei Tage nach Eintritt des Todes | |
| **Witwen-/Waisen-rente** | Rentenzahlstelle | Sterbeurkunde, letzter Renten-bescheid | Unverzüglich | |
| **Zeitungs-abonnement** | Zeitungsverlag | | Unverzüglich | |
| **Mietvertrag, Vermieter** | | | Unter Einhaltung der gesetzlichen Kündigungsfrist | |
| **Verträge (z. B. Rundfunk)** | GEZ | | Unverzüglich | |
| **Strom** | Energiever-sorgungsunter-nehmen | | Unverzüglich | |
| **Wasser, Gas** | Wasserwerke, Gasversorgungs-unternehmen | | Unverzüglich | |
| **Telefon** | Zuständiges Fernmeldeamt | | Unverzüglich | |

# Vorsorgevollmacht

Name: ...............................................

Geburtsdatum: ......................................

Wohnort: ...........................................

Für den Fall, dass ich vorübergehend oder dauerhaft nicht in der Lage sein sollte, meine Angelegenheiten selbst zu regeln und meinen Willen zu äußern, bevollmächtige ich über meinen Tod hinaus gemäß §§1896 Abs. 2, 164 ff BGB

Frau/Herrn   ...................   geb. am  ....................

wohnhaft   ...................   Telefon  ....................

ersatzweise

Frau/Herrn   ...................   geb. am  ..................

wohnhaft   ...................   Telefon  ..................

Die Feststellung, dass ich wegen meiner körperlichen oder geistigen Verfassung außerstande bin, meine Angelegenheiten selbst zu regeln und meinen Willen zu äußern, muss in jedem Falle von einem Arzt getroffen werden.

## Umfang der Vollmacht

Die Vollmacht erstreckt sich auf alle Vermögens-, Renten-, Kranken-, Pflegeversicherungs-, Sozialhilfe-, Steuer- und sonstige Rechtsangelegenheiten in jeder denkbaren Richtung. Sie berechtigt und verpflichtet meinen Bevollmächtigten, meinem Willen entsprechend zu handeln, wie er in dieser Vollmacht zum Ausdruck kommt. Die Vollmacht umfasst insbesondere folgende Befugnisse:

▶ Vermögenserwerbungen und -veräußerungen sowie Belastungen jeder Art für den Vollmachtgeber vorzunehmen und Verbindlichkeiten beliebiger Art und Höhe für mich – auch in vollstreckbarer Form – einzugehen;
▶ Vermögenswerte beliebiger Art, namentlich Geld, Sachen, Wertpapiere und Schriftstücke für mich in Empfang zu nehmen;
▶ über meine vorhandenen Konten bei Banken beliebig zu verfügen;
▶ Verträge sonstiger Art unter beliebigen Bestimmungen abzuschließen, Vergleiche einzugehen, Verzichte zu erklären und Nachlässe zu bewilligen;

- mich als Erben, Pflichtteilsberechtigten, Vermächtnisnehmer, Schenker oder Beschenkten in jeder Weise, namentlich auch bei Vermögens- und Gemeinschaftsauseinandersetzungen jeder Art, zu vertreten und auch Ausschlagungserklärungen für mich abzugeben;
- meine Versorgungsangelegenheiten (Pension, Rente usw.) zu regeln;
- Prozesse für mich als Kläger oder Beklagter zu führen und hierbei die Rechte eines Prozessbevollmächtigten im vollen Umfange des § 81 ZPO auszuüben, mich in allen gerichtlichen und außergerichtlichen Verfahren als Gläubiger oder Schuldner, Kläger oder Beklagten oder in jeder sonstwie infrage kommenden Eigenschaft ohne jede Einschränkung zu vertreten;
- zu allen Verfahrenshandlungen, auch im Sinne von § 135GB X;
- den Haushalt aufzulösen und über das Inventar zu verfügen;
- Vereinbarungen mit Kliniken, Alters- und Pflegeheimen abzuschließen und zum Zwecke hierfür Sicherungshypotheken auch für den Sozialhilfeträger zu bestellen;
- über Art und Umfang der Beerdigung zu entscheiden und Sterbegelder in Empfang zu nehmen und darüber zu quittieren;
- den Nachlass bis zur amtlichen Feststellung der Erben in Besitz zu nehmen und zu verwalten;
- den Vollmachtgeber gegenüber Gerichten zu vertreten sowie Prozesshandlungen aller Art vorzunehmen.

Die Vollmacht wird mit der Unterzeichnung durch mich wirksam und gilt nach außen uneingeschränkt.
Im Innenverhältnis wird der Bevollmächtigte jedoch angewiesen, die Vollmacht nur nach meiner vorherigen Weisung zu gebrauchen.

Die Vollmacht ist nur wirksam, soweit und solange der Bevollmächtigte bei einer Vornahme einer jeden Vertreterhandlung im unmittelbaren Besitz der Vollmachtsurkunde ist. Der Bevollmächtigte kann diese Vollmacht ganz oder teilweise auf andere übertragen und eine solche Übertragung widerrufen.

### Widerruf der Vollmacht

Ich behalte mir vor, diese Vollmacht jederzeit zu widerrufen.

Wichtig: Sollte aufgrund wechselnder Gesetze diese Entscheidung von einem Gericht getroffen werden müssen, so beauftrage ich den Bevollmächtigten, die Zustimmung des Gerichtes auch mithilfe eines Rechtsanwaltes zu erlangen.

**Datum, Unterschrift der Vollmachtgeberin/ des Vollmachtgebers:**

..........................................................

.............................. (für spätere Bestätigung)

.............................. (für spätere Bestätigung)

Ich/Wir bestätige(n), dass Frau/Herr ..............................
die Vorsorgevollmacht im Vollbesitz ihrer/seiner geistigen Kräfte verfasst hat und
geschäftsfähig war.

Name: ..........................................
Geburtsdatum: .............. Anschrift: ....................

..........................................................

Ort, Datum: ......................................

Unterschritt des Zeugen: ..................................

## Hinweise bezüglich der Vorsorgevollmacht

*Diese Verfügung leitet sich aus §1896 Abs. 2 Satz 2 BGB ab und bevollmächtigt die benannte
Person Ihres Vertrauens im Falle eigener Entscheidungs- und Handlungsunfähigkeit für der Voll-
machtserteilenden, rechtswirksam zu handeln. Die Mitwirkung des Vormundschaftsgerichtes entfällt dabei in der Regel.*

*Die Vorsorgevollmacht ergänzt die Patientenverfügung in wirtschaftlicher Hinsicht.*

*Die schriftliche Form, nicht zwingend die handschriftliche, ist erforderlich. Die eigenhändige
Unterschrift sollte in Abständen von ca. zwei Jahren erneuert werden, damit der zeitnahe Wille
für Außenstehende erkennbar ist. Die Unterschrift des Vollmachtgebers sollte dabei von einem
Zeugen bestätigt werden, der beurkundet, dass der Verfasser bei seiner Unterschrift im Vollbesitz
seiner geistigen Kräfte war.*

*Es wird angeraten, die bevollmächtigte Person nicht als Zeugen zu nehmen. Die notarielle
Bestätigung ist gesetzlich nicht vorgeschrieben. Wir raten jedoch an, diese Unterschrift notariell
beglaubigen zu lassen, damit auch Banken und Behörden daran gebunden sind.*